古典文獻研究輯刊

五 編

潘美月・杜潔祥 主編

第 17 冊

《春秋穀梁經傳補注》研究

吳連堂 著

國家圖書館出版品預行編目資料

《春秋穀梁經傳補注》研究／吳連堂著 — 初版 — 台北縣永和
市：花木蘭文化出版社，2007〔民96〕

目 4+166 面；19×26 公分
（古典文獻研究輯刊 五編；第 17 冊）
ISBN：978-986-6831-45-4（全套精裝）
ISBN：978-986-6831-62-1（精裝）
1. 穀梁傳　2. 註釋　3. 研究考訂
621.722　　　　　　　　　　　　　　　96017575

ISBN - 978-986-6831-62-1

9 789866 831621

古典文獻研究輯刊
五　編　第十七冊　　　　　　　ISBN：978-986-6831-62-1

《春秋穀梁經傳補注》研究

作　　者　吳連堂
主　　編　潘美月　杜潔祥
企劃出版　北京大學文化資源研究中心
出　　版　花木蘭文化出版社
發 行 所　花木蘭文化出版社
發 行 人　高小娟
聯絡地址　台北縣永和市中正路五九五號七樓之三
　　　　　電話：02-2923-1455／傳眞：02-2923-1452
電子信箱　sut81518@ms59.hinet.net
初　　版　2007 年 9 月
定　　價　五編 30 冊（精裝）新台幣 46,500 元

《春秋穀梁經傳補注》研究

吳連堂　著

作者簡介

吳連堂（1957－　），台灣雲林人，高雄師範學院國文研究所碩士，曾任國小、高職教師，現任正修科技大學副教授。本書為作者碩士論文。作者另著有《清代穀梁學》，高雄復文圖書出版社，1998。全書約三十萬言，旨在闡明清代《穀梁》著作之成就。該書並獲得國科會八十七學年度甲種研究獎勵。

提　　要

　　《穀梁》之學，歷來隱微，至清季，雖稱經學復盛，而《穀梁》之隱微依然。清末嘉善鍾文烝，恐其面目精采永為《左氏》《公羊》所掩，將為斯文之闕事，乃窮三十年精力，因范《注》之舛略者，備為補正，成《春秋穀梁經傳補注》一書。本文即以分析、歸納之法，摘其旨要，期能呈顯鍾氏補注《穀梁》經傳之成就，亦冀能微助其彰顯《穀梁》精采之心願也。

　　本文計分六章，約十二萬言，茲略述各章旨要如后。

　　第一章「作者生平述略」。昔人有云：「欲讀其書，先識其人。」故首述鍾氏之生平及著述等，而尤著重鍾氏於此書之用心，及成書經過之敘述。

　　第二章「補注釋名、態度及體例」。此章闡明題為「補注」之由，及鍾氏補注經傳所持之態度，並明該書之述作體例，旨在予該書以一全面而概略之觀照，使能於該書之述作，得一基本之理念。

　　第三章「對范《注》之證補」。范甯《穀梁集解》，其成就及地位，自不待言，然其簡略舛誤之處，亦所在多有，此鍾氏《補注》之所以作也。其於范《注》之舛略者，或證補之，或申釋之，或糾其誤，或駁其謬；本章即以分析、舉證之法，闡明《補注》對范《注》之證補，如明范《注》徵引之依據，對范《注》文詞、禮制、史實、地名、書法等訓解之證補，並釋范氏之疑，及刪移注文、糾駁范《注》等。

　　第四章「對經傳之發明」。書名雖題「補注」，然其成就，尤在其證補范《注》之外，能於《穀梁》經傳多所創發，本章即就其成就之大者，如義理闡明、義例發明、文字訓詁、《穀梁》解經法、《穀梁》文章及版本校勘諸端予以論述，以明其於《穀梁》之貢獻。

　　第五章「論二傳及三傳異文」。鍾氏補注《穀梁》之外，時亦論及《左》《公》二傳，或較其異同，或批駁二傳，本章就此略作述評；又《補注》中於三傳經文之相異者，皆臚列之，或明其相異之由，本章就此予以歸納論述。

　　第六章「《補注》之疏失」。《補注》之成就，於第三四五章，當可窺其梗概；然亦不免有所疏失，故亦舉證論述之，不敢愛其書，敬其人，而私心掩諱也。

目

錄

第一章 作者生平述略

　　鍾文烝（1818～1877）字朝美，又字伯嫩，又字殿才，號子勤，清浙江嘉善人也。

　　連堂案：鍾文烝之字號有朝美、伯嫩、殿才、子勤數種。其《補注・自序》末署曰：「嘉善鍾文烝朝美氏自序。」而《補注》卷末之附詩，則題「嘉善鍾文烝伯嫩」。殿才之字見於《嘉興府志・嘉善縣文苑傳》（卷五十五），子勤之號則《乙閏錄》（見后）卷首有其篆刻（見書影一），而《清史稿》則以子勤亦其字。（卷四百八十二）

　　又案：本論文皆以「子勤」稱作者，依徐世昌《清儒學案・子勤學案》稱之。（卷一八一）

一、祖濱，事蹟不詳。父棠，為縣諸生，母奚氏。

　　連堂案：《補注・略例》云：「至私諱，水部、木部各一字，亦缺筆，在經不缺筆，慎辨也。」考水部之諱字為「濱」，見桓八年傳「或曰：天子無外，王命之則成矣」之范《注》：「四海之濱，莫非王臣。」木部之諱字為「棠」，見隱五年經「公觀魚于棠」之范《注》：「棠，魯地。」兩字皆缺末筆。〔註1〕又《補注・序》云：「先君子親以三傳全文授讀，備承庭訓，兼奉慈箴。」子勤自注：「考諱棠，縣諸生，母氏奚。」據〈略例〉先水部後木部，則「濱」當為其祖，不為其母，因推定祖名鍾濱。

〔註1〕私諱缺筆惟鍾氏信美堂本有之，他本不諱。《補注》版本有：
　　　　鍾氏信美堂刊本　光緒二年，門弟子等校刻，書名題「《春秋穀梁經傳補注》」，較他本多卷末之附詩、弟子沈善登之〈書後〉、〈再書後〉兩文。
　　　　南菁書院《皇清經解續編》本　光緒十四年刻，書名同信美堂本。
　　　　上海中華書局《四部備要》本　題「《穀梁補注》」。
　　　　上海商務國學叢書本　題「《穀梁補注》」。

二、清仁宗嘉慶二十三年（1818）戊寅，子勤生。

　　連堂案：《補注・序》云：「文烝年九歲、十歲時……」，子勤自注：「道光丙戌、丁亥。」由是逆推，當生於此年。

三、宣宗道光六年（1826）丙戌，年九歲，其父以三傳全文授讀，備承庭訓，兼奉慈箴。

　　連堂案：見《補注・序》。

四、道光九年（1829）己丑，年十二，應邑試，冠其軍。

　　連堂案：《嘉興府志・嘉善縣文苑傳》：「少負異稟，即通小學，年十二，應邑試，冠其軍。」（卷五十五）

五、道光十一年（1831）辛卯，年十四，其父授以《孟子》。

　　連堂案：《補注》：「文烝昔年十四時，先君子誨以《孟子》各條之義。」（莊十三年）

六、道光十七年（1837）丁酉，年二十，娶秀水沈印齡為妻，沈氏知書，通文墨，夫妻情篤，而《補注》之成，蓋亦有得於內助。又結識吳縣薛福，成忘年交，蓋因而通醫藥。

　　連堂案：妻沈印齡，秀水人，字瑑華。據《乙閏錄》：「予年二十，因外舅沈硯怡先生……」知為沈硯怡之女。《補注》中曾兩度引述其妻：「予妻沈印齡論此傳曰……」（襄三十年）「文烝妻沈印齡」（昭二十五年），又卷末附有其詩一首，可知其知書，通文墨。其詩云：「二十八年，積此篇帙，二百卅部，遜此詳密。君子用心，終始若一，病起促書，宵興呵筆，惟我能知，非我弗悉。我學幼昭，我懷與弼；志歆夢歆，亦勿深詰，惟記艱勤，以俟來日。」末署「秀水沈印齡瑑華附記」。又「我學幼昭」下自注：「陳傅良妻張令人，葉適銘墓謂：『與夫同志』」；「我懷與弼」下自注：「《吳康齋集》言與妻皆夢見孔子。」而其詩序云：「書末殿以韻語，《法言》、《漢書》、《說文》〈自序〉例也，竊亦為四言體，仿《金石錄・後序》之意。」由上之序、詩、注觀之，子勤夫妻情篤（又見后），而《補注》之成，亦以有賢內助也。

　　又案：二人結褵於何時未知，而據《乙閏錄》：「予年二十，因外舅」之語，姑繫於此。又案：《乙閏錄》：「舊友吳縣薛瘦吟（連堂案：瘦吟為薛福字），多閱士也。……以醫為業（自注：著有《瘦吟醫贅》兩冊）……道光丁酉，予年二十，因外舅沈硯怡先生，始稔其人，遂引為忘年交，頻相過從者八年，頗極談論之樂，後年七十餘，病歿，當咸豐之初，每一追憶，獨見其頎然皤白，目帶近視鏡，抵

掌至於移暑見燭跂也。」而子勤蓋因與薛之交誼，亦通醫藥，故昭十九年許世子止弒君之補注，有醫理、病情及用藥之說明。

七、道光二十五年（1845）乙巳，年二十八，始補注《穀梁》經傳。

連堂案：《補注·序》：「乙巳迄癸丑歲，稿立。」知始於此年。而其著述之動機，簡言之：欲挽《穀梁》之微，並顯其面目精采也。子勤以爲：《春秋》之大旨，在正名盡辭，正隱治桓。而此義《左氏》《公羊》不能道，獨穀梁子稱述發明之，是《穀梁》者，《春秋》之本義也。惟自漢以來，《穀梁》頗爲幽微，蓋漢宣、元以前《公羊》盛，明、章以後《左氏》興，江左中興，謂《穀梁》膚淺，不足立學〔註2〕，至唐初，謂之小書，《穀梁》益微〔註3〕，苟非有范甯、徐邈等之闡明，楊士勛輩之纘述，則《穀梁》恐不免亡佚之命運。至兩宋、元代，《春秋》學者皆沿唐啖助、趙匡、陸淳兼采三傳以成一家之通學之途，而不治歷來三傳各自爲說之專門，至有清二百年來，《穀梁》專門之學，亦僅鎮江柳興恩，海州許桂林數人〔註4〕，然子勤以范《注》略而舛，楊《疏》淺而龐，苟不備爲補正，將令《穀梁》之面目精采，永爲《左氏》《公羊》所掩，則誠斯文之闕事，故自年幼即承庭訓，稍長，時時往來於心，至所得漸多，乃詳爲補注，存范《注》之原文，擷楊《疏》之要義，繁稱廣引，起例發凡，敷暢簡言，宣揚幽理，條貫前後，羅陳異同，使典禮有徵，訓詁從朔，辭或旁涉，而事多創通，以補苴張皇二千年來說者之得失，而可無遺憾，此《補注》之所以作也。〔註5〕

〔註2〕 東晉元帝時，置《周易》王氏、《尚書》鄭氏、《古文尚書》孔氏、《毛詩》鄭氏、《周官》、《禮記》鄭氏、《春秋左傳》杜氏、服氏、《論語》《孝經》鄭氏博士各一人，凡九人，而《儀禮》、《公羊》、《穀梁》及鄭《易》皆不置，太常荀崧以爲不可，上疏請置之。元帝詔曰：「《穀梁》膚淺，不足置博士，餘如奏。」見《晉書》卷七十五〈荀崧傳〉。

〔註3〕 唐以《易》、《書》、《詩》、三禮、三傳合爲九經，取士。又以經文多少分三等：《禮記》、《左傳》爲大經，《毛詩》、《周禮》、《儀禮》爲中經，《易》、《尚書》、《公羊》、《穀梁》爲小經。見《新唐書》卷四十四〈選舉志〉。又玄宗時，楊瑒爲國子祭酒，曾奏言：「《周禮》、《儀禮》及《公羊》、《穀梁》殆將廢絕，若無甄異，恐後代便棄，望請能通《周》、《儀禮》、《公羊》、《穀梁》者，亦量加優獎。」見《舊唐書》卷一八五〈良吏傳〉。清皮錫瑞以爲中小經，《周禮》、《儀禮》、《公羊》、《穀梁》難於《易》、《書》、《詩》，故多習《易》、《書》、《詩》，不習《周禮》、《儀禮》、《公羊》、《穀梁》，所以四經殆絕也。見《經學歷史·經學統一時代》。頁210，漢京，72年9月初版。

〔註4〕 柳興恩有《穀梁大義述》，而子勤《補注·序》自注謂柳氏有《穀梁傳學》。王師熙元先生疑《穀梁大義述》殆初名《春秋穀梁傳學》。見《穀梁著述考徵》，頁89，廣東，63年2月出版。又許桂林有《穀梁時月日釋例》。

〔註5〕 本段所述《補注》之著述動機，參見《補注·序》。

八、道光二十六年（1846）丙午，年二十九，中舉，候選知縣，歸，絕意仕進。

連堂案：見《嘉興府志》、《清史稿》。

九、道光三十年（1850）庚戌，年三十三，喪父或喪母。

連堂案：《乙閏錄》一條載其妻死後云：「二月悼亡以來，二百七十日，而夢見者二十五次，皆病時情狀為多，近復涉及二十三年前致憂致哀之事，豈非葬事將舉，其幾先動乎？」此條載於癸酉年（1873），文中言「二十三年前」，則當為此年，而「致憂致哀之事」，或指其父或其母之喪乎？

十、文宗咸豐九年（1859）己未，年四十二，校邵懿辰《尚書通義》。

連堂案：《乙閏錄》：「近時仁和邵位西懿辰著《尚書通義》，深信古文，己未庚申多春間，屬予校其全書，曾寄書以此說質之。」又兩人尚有其他論學書信，《補注》云：「辛酉歲，邵懿辰詔書，言高堂生所傳《禮》，即夫子所述，別無闕逸，予韙其說。」（昭十九年）又案：子勤與當代學者論學之可考者，尚有陳奐、顧廣譽、汪日楨、俞樾、張祖陸諸人。《補注》中有「汪日楨語予」（隱九年、僖十五年、襄二十一年）、「俞樾語予」（哀元年），而《嘉善縣志・文苑傳》：「（張祖陸）道光二十六年鄉薦，交同榜鍾文烝潛研經學。」（卷二十四）陳奐、顧廣譽二人見后。

十一、穆宗同治二年（1863）癸亥，年四十六，入江蘇忠義局，與長洲陳奐、平湖顧廣譽同任編纂，主講敬業書院十二年。

連堂案：見《嘉興府志》。又《府志》云：「同治年入江蘇」，而據沈善登《補注・書後》：「同治癸亥夏，復得侍於滬。」知最晚此年已至江蘇。

十二、同治三年（1864）甲子，年四十七，新定《魯論語》二十篇。

連堂案：據《嘉興府志》所載，新定《魯論語》成於甲子後，惟不確知何年。蕭一山《清代通史》：「據《經典釋文》及漢石經殘碑，博考之兩漢之書，與夫唐以前舊說，寫定《論語》二十篇。」〔註6〕

又案：除《補注》、新定《魯論語》及《乙閏錄》外，子勤年少時，曾撰述有《論語序說詳正》、《鄉黨集說備考》、《河圖洛書說》各一卷。見《嘉興府志》所載。惟《河圖洛書說》生前已佚，據《乙閏錄》：「予曾作《河圖洛書說》一卷頗詳，今失其稿。」又有刪定《孝經義疏補》，《清儒學案・子勤學案》附錄云：「揚州阮氏福撰

《孝經義疏補》〔註7〕，先生得其書而善之，爲刪其蕪贅，改其疏謬，又補所未及，書於上方。」（卷一八一）

十三、同治四年（1865）乙丑，年四十八，始著《乙閏錄》，至死前未休。

　　連堂案：名乙閏者，乙丑年閏夏始記之也。其卷首云：「古之著書者，雖言有醇疵，皆充實不可以已者也。可已而不已，舒元輿之所以悲刻谿藤矣！予專治《穀梁》學外，此未嘗敢復爲書，千慮一得，亦不足記；乙丑閏夏始雜記之，因題之曰《乙閏錄》。」（見書影一）此書原稿不分卷，由其所署日期，知其爲隨得隨記。又其倒數第三條署有「丁丑二月廿一日」，而最末無任何題記、跋語及日期，知其至死前未曾擱筆完卷。計其始作至丁丑，前後近十二年。內容有義理，有文字，有版本，有爲人處事之悟語，而其妻死後，則多談佛道玄言，包容頗多。

十四、同治十二年（1873）癸酉，年五十六，二月，妻沈印齡逝。

　　連堂案：《乙閏錄》一條云：「吾自二月至今」，末署「癸酉八月十三日」，下一條又云：「二月悼亡以來，二百七十日」，末署「十月初五日」，知其妻死於是年二月。子勤夫妻情篤，其妻死後，《乙閏錄》中時有悼念之語，茲錄二條以概見之。其一：「今日之心，即他日之鬼神也，但當其爲心，則在吾腔子裡，及其爲鬼神，無復腔子，殆無所不之也。漢人俚語云：『婦死腹悲，唯身知之。』吾自二月至今，十五夢見，全因悲心而起，心則往矣，神則來乎？」其一：「二月悼亡以來，二百七十日，而夢見者二十五次，皆病時情狀爲多，近復涉及二十三年前致憂致哀之事，豈非葬事將舉，其幾先動乎？一人一家之事有幾也；天下國家之事，亦有幾也。往古來今，莫不如此。佛家以爲空相，儒家以爲實理，空而空之，原皆空也，吾亦知其如星翳鐙幻，露泡夢電雲也；實而實之，無非實也，吾既蕆焉中處，終吾身如斯而已者也。」又壬申八月後（連堂案：其妻或此時罹病。）至癸酉八月，整整一年，《乙閏錄》未著一條，而其妻死後，又多佛道玄言，亦可推知其心情之悲切矣。

十五、德宗光緒二年（1876）丙子，年五十九，閏五月，《穀梁補注》刊成。

　　連堂案：《補注》卷末有「光緒二年丙子閏五月雕成，門人姪壻上海李邦黻覆校」之題記。又據門人沈善登〈再書後〉所載，知始刻於同治十三年（1874）冬，而刻資乃時人及門人所資助。文中又有「先生以身世之多故」之語，答列記出錢人名姓之無不可，則子勤之生活，當頗清苦。

〔註7〕阮福，阮元第三子，元有《孝經義疏》，福又續成《義疏補》十卷，刊於道光九年。參見《續修四庫全書提要・孝經類》，頁906，商務，61年3月出版。

　　又案：該書爲子勤最重要之著作，畢生精力盡萃於斯。其〈自序〉云：「文焱九歲十歲時，先君子親以三傳全文授讀，備承庭訓，兼奉慈箴，後來博搜諸家書，見而記，記而疑，其甚疑者，則時時往來於心，不能自已。年將三十，始知《穀梁》源流之正，義例之精，數年之間，所見漸多，頗有所得，用是不揣樗昧，詳爲之注。」又云：「乙巳迄癸丑歲，稿立。」知其於乙巳年（1845），年二十八即始作該書，而於此之前，即已多年用心力於斯，至癸丑（1835）八年之間成初稿，而後時加增刪，由二十卷增爲二十四，增列三傳異文之考證，又別爲〈論經〉、〈論傳〉若干條，冠於書首，至己未年（1859）寫定，題書名曰「補注」，并自爲序，距初稿之立，已復六年。自後三、四年間，又自修飾，又六年，復增易以千百計，自謂「然後疑滯疏漏，漸漸免矣」，於是於序後又記，時同治七年（1868）戊辰七月七日。（見〈自序〉）同治十一年（1872）壬申，潔本成。《補注‧書後》云：「潔本成，復塗乙數十事，既又命工錄副，又數數塗乙之。」此後卷首之〈論經〉、〈論傳〉又略有增補。如〈論傳〉：「《春秋》非心學，亦心學也，惟傳知之。愚至癸酉（1873）季夏，而後悟之。」〈論經〉：「甲戌（1874）孟秋，沈善登書來曰：《春秋》記千八百事⋯⋯。」

　　又案：子勤以大半心力，以成此書，故頗爲自重，亦頗自信。其〈略例〉云：「凡《春秋》中不決之疑，今悉決之，其未經人道者，竊比於梅鷟辯僞書，陳第談古韻。」其《乙閏錄》亦云：「梅鷟作《尙書考異》，確有見東晉古文之僞，而閻若璩、惠棟輩乃從而大明之；陳第作《毛詩古音考》，而顧炎武、江永輩（自注：戴震、段玉裁、孔廣森、王念孫、江有誥）乃從而大明之。道術之興有開，必先斯二人，雖章句之儒，抑豪傑之士矣。蒙之於《穀梁》，其能爲梅、陳乎？未乎？當俟後賢論定。」又一條云：「予於《春秋》之義理，有積思而自得者，有一見而即知者，要皆二千年來所未了，自以爲此中有天分矣！」足見其於《補注》之自信。

十六、光緒三年（1877）丁丑，年六十，卒。

　　連堂案：據《清史稿》卷四百八十二。

第二章　補注釋名態度及體例

第一節　釋　名

　　何以名「補注」？子勤〈自序〉有「以范《注》之略而舛也……苟不備爲補正」之語，而〈略例〉第一條云：「凡范《注》全載」，則所謂「補注」云者，當是「補正范《注》」之謂。

　　《補注》中於范《注》有證補之者，有申釋之者，亦有駁正范《注》者；惟該書雖題「補注」，而實不限於范《注》之證補、申釋及駁正，其於范《注》所未及之義理、文字、義例、考據、辭章等，皆能多所創通，以成一家之言。

　　又信美堂刊本，本書題「《春秋穀梁經傳補注》」，本論文亦據以爲題，惟文中多省以「補注」二字稱之。

　　《補注》共二十四卷，魯十二公以文之繁簡爲分，多者析至四卷，如僖公是；少者不滿一卷，如閔公文少，與莊公二十八年至三十二年合爲一卷是。

　　除二十四卷外，卷首尙有〈自序〉一、〈論經〉二十條、〈論傳〉十五條、〈略例〉九條，及范甯《穀梁集解・序》；卷末附子勤五言排律四十韻一首，五律二首，其妻沈印齡四言詩一首，及弟子沈善登〈書後〉、〈再書後〉二文。〔註1〕

第二節　態　度

　　子勤補注《穀梁》經傳之態度，就書中可查知者，約有謹守《穀梁》、酌采《左》《公》、博采群書諸儒、漢宋並蓄兼及考據辭章、求詳能斷數端，茲依次析論如下。

〔註 1〕卷末附詩及〈書後〉，唯信美堂本有之。參見第一章〔註1〕。

一、謹守《穀梁》

　　子勤以《穀梁》爲《春秋》之本義，其補注一以《穀梁》爲斷，皆據傳解說，其有非傳者，則駁斥之；其他家有異於傳而亦言之成理者，則謂其「不可通於傳」。

（一）據傳解說

　　宣二年春：「宋華元帥師及鄭公子歸生帥師戰于大棘。宋師敗績，獲宋華元。」傳曰：「獲者，不與之辭也。」《補注》云：

> 凡書獲，蓋多因史文之舊，而其義則或以「不與獲」爲義，或以「引取之」爲義，傳於此發「不與」之例，謂書獲即見「不與」之義，不可更求「與之」之文以解傳；猶於麟言「引取之」，亦謂書獲即見「引取之」之義，不須更求「直取非引」之文以解傳也。（宣二年）

此謂傳於此發「獲者，不與之辭也」，即就傳解之可也，不必疑傳而另起他解；於哀十四年發「引取之」，即就引取之而解，不必疑傳，而另求經之是否爲「不與」，爲「直取」，爲「非取之」之義。《補注》又云：

> 《穀梁》之文，圓轉無窮，鄭君猶惑焉，何怪劉敞、葉夢得之倫矣。
> 王晳曰：「鄭君經傳洽熟，獨出時輩，然其於《春秋》之意，多不知聖人微旨；又性好《穀梁》，往往回護。」文烝以爲《穀梁》何事回護，鄭君於《穀梁》正患其不精耳，乃以回護爲病乎？（哀六年）

知子勤以《穀梁》體系完整周密，一以傳爲說足矣，不可另據他義。其引諸家之讚《穀梁》者云：

> 啖助謂《穀梁》意深；陸淳謂斷義不如《穀梁》之精；孫覺謂以三家之說校其當否，《穀梁》最爲精深；葉夢得謂《穀梁》所得尤多；胡安國謂義莫精於《穀梁》；蔡元定謂三傳中道理，《穀梁》及七八分；某氏〈六經奧論〉謂解經莫若《穀梁》之密。（〈自序〉）

又云：

> 《春秋》以一心正萬心，傳諸解經曰「探邪志」；曰「處心積慮」；「以入人爲志」，此類皆卓絕於《左氏》《公羊》之外。（隱二年）

而謂「《穀梁傳》者，《春秋》之本義也。」（〈自序〉）故其補注一依《穀梁》爲說，於他家有可通於傳者，取爲輔說，其有悖於傳者，或駁之，或謂其「不可通於《穀梁》」，此子勤謹守《穀梁》，注傳而不駁傳之態度。

（二）駁斥非傳之說

　　范甯注《穀梁》，兼采三傳，又俱道其失。〔註2〕子勤《補注》與之異，全書未嘗疑傳，且於范之疑傳駁傳處，皆詳釋其疑，或斥其非傳。范氏《穀梁集解・序》云：「《穀梁》清而婉，其失也短。」子勤注云：「文簡耳，非短也。」范氏又云：「《穀梁》以衛輒拒父爲尊祖，不納子糾爲內惡。……以拒父爲尊祖，是爲子可得而叛也；以不納子糾爲內惡，是仇讎可得而容也。」而於《注》中，屢言「甯所未詳」、「甯不達此義」，甚或直言「《穀梁》意非」（昭十二年），《補注》皆詳釋其疑，或駁斥范《注》之非傳，以衛《穀梁》。如昭十一年：「夏四月丁巳，楚子虔誘蔡侯般殺之于申。」傳曰：「何爲名之也？夷狄之君，誘中國之君而殺之，故謹而名之也。稱時、稱月、稱日、稱地，謹之也。」范《注》云：

　　　　蔡侯般弒父之賊，此人倫之所不容，王誅之所必加。禮，凡在官者殺無赦，豈得惡楚子殺般乎？若謂夷狄之君，不得行禮于中國者，理既不通，事又不然。宣十一年，楚人殺陳夏徵舒，不言入，傳曰：「明楚之討有罪也。」……凡罰當其理，雖夷必中，苟違斯道，雖華必抑，故莊王得爲霸討，齊侯不得滅紀，趙盾救陳，則稱師以大之，靈王誘蔡，則書名以惡之，所以情理俱暢，善惡兩顯，豈直惡夷狄之君討中國之亂哉？

《補注》則不以爲然，其言曰：

　　　　楚靈內懷利心，而外託討賊，已於「誘」字見義，不待煩言也。至於謹名以爲特文，又謹時、謹月、謹日、謹地，以盈其文，則全以夷狄之誘殺中國起義，不專以誘殺起義。若中國誘殺中國，無爲謹之又謹如是也，中國誘殺夷狄，更可知也，夷狄誘殺夷狄，則戎蠻子尤有明文也。傳之釋經，平淡精審，《注》竟欲亂華夷之別，謬矣。莊王入陳，傳亦曰：「不使

〔註2〕范甯《穀梁集解・序》云：「凡傳以通經爲主，經以必當爲理，夫至當無二，而三傳殊說，庸得不棄其所滯，擇善而從乎？」知其注《穀梁》，兼采三傳。其采《左氏》《公羊》者，可參考王師熙元先生《穀梁范注發微》第二章第三節〈兼采《公》《左》家說以釋之〉，及本論文第三章第一節〈對范《注》徵引之指明〉。范甯〈集解序〉又云：「《春秋》之傳有三，而爲經之旨一，臧否不同，褒貶殊致，蓋九流分而微言隱，異端作而大義乖，《左氏》以鬻拳兵諫爲愛君，文公納幣爲用禮；《穀梁》以衛輒拒父爲尊祖，不納子糾爲內惡；《公羊》以祭仲廢君爲行權，妾母稱夫人爲合正。以兵諫爲愛君，是人主可得而脅也；以納幣爲用禮，是居喪可得而婚也；以拒父爲尊祖，是爲子可得而叛也；以不納子糾爲內惡，是仇讎可得而容也；以廢君爲行權，是神器可得而窺也；以妾母爲夫人，是嫡庶可得而齊也。若此之類，傷教害義，不可強通者也。」又云：「《左氏》豔而富，其失也巫；《穀梁》清而婉，其失也短；《公羊》辯而裁，其失也俗。」知其於三傳，皆有所譏評。

夷狄爲中國」,《注》不知引彼傳以明同,反引殺徵舒傳以明異,何邪?
實則,兩說於理皆有可通,《注》謂「凡罰當其理,雖夷必申,苟違斯道,雖華必抑」,
此無可駁之理也,有其普遍義。而子勤據傳以斥之者,《春秋》於某處,惟見某義,
傳之釋經,亦往往明其義之重者,而此處惟取義於謹耳。是兩者之異,在注傳之態度:
一注傳而駁傳,一謹守傳說。故范引楚莊殺夏徵舒,以明「楚之討有罪」以難傳,而
《補注》斥以何不以莊王入陳之「不使夷狄爲中國」以釋傳,此兩說之別也。〔註3〕
    范《注》之外,其有非《穀梁》者,《補注》或亦以爲不然,如:

> 葉夢得謂《穀梁》知其義,而不知其事,未爲善讀傳者;又謂《左
> 氏》得其事而不盡其義,《公羊》既不知事又不知義,則皆信也。(襄二
> 十七年)

此種是《穀梁》,則是之,非《穀梁》,則不從之,非《左》《公》則又以爲然之說,
足見子勤補注《穀梁》之態度矣。

(三)不可通於傳

    子勤以《穀梁》之說可自成體系,縱使別家之說亦言之成理,然不足以疑《穀
梁》,子勤謂其「不可通於傳」。〔註4〕隱元年傳曰:「甚鄭伯之處心積慮,成於殺也。」
范《注》引范雍曰:

> 段恃寵驕恣,彊足當國,鄭伯不能防閑以禮,教訓以道,縱成其罪,
> 終致大辟,處心積思,志欲殺弟。

《補注》云:

> 雍注取《左傳》譏失教爲說,理固如此,非傳意也。

「理固如此,非傳意」,是《左傳》之說是,然《穀梁》無此意。隱八年傳曰:「未
能同盟,故男卒也。」《補注》云:

> 不書名爲未同盟,《左傳》亦同。但《左氏》於滕侯卒發例云:「凡諸
> 侯同盟,於是稱名,故薨則赴以名。」又於杞子卒發例云:「凡諸侯同盟,
> 死則赴以名,禮也。赴以名,則亦書之,不然則否。」此二條皆不可通於
> 《穀梁》。

此謂《左傳》以同盟則名,未同盟則不名,不可全適於《穀梁》,以《春秋》有未同

〔註 3〕 《補注》釋范氏之疑,及駁斥范《注》者,參見本論文第三章第七節〈補甯所未詳〉,
    及第九節〈駁《注》〉。
〔註 4〕 楊士勛已偶有類似之語,如僖元年:「楚人伐鄭。」楊《疏》云:「何休云:『稱楚人
    者,爲僖公諱與夷狄交婚,故進之使若中國也。』《穀梁》無交婚之事,其言不可通
    于此也。」

盟而名者，此傳「未能同盟，故男卒也」，乃大概言之，非傳發經文通例。《補注》
云：

> 未能同盟，所以不名者，以其情疏而不親，彼既赴我，但略記其卒，
> 雖知其名，不欲詳之也。若然，秦康公、共公亦未同盟，得書名者，彼時
> 秦與魯稍親，故與桓公、景公、惠公異也。自餘中國諸侯，及吳楚君，亦
> 多有未同盟而名者，皆以情親故也。傳以盟是國之重事，言同盟未同盟，
> 足見諸國交好之合離，當時恩義之厚薄，要是大概言之，不得膠執同盟二
> 字。

文元年：「公孫敖會晉侯于戚。」范《注》云：

> 禮，卿不得會公侯，《春秋》尊魯，內卿大夫可以會外諸侯。

《補注》云：

> 《注》首句本《左氏》盟翟泉傳，彼傳曰：「在禮，卿不會公侯，會
> 伯子男可也。」杜預曰：「大國之卿，當小國之君，故可以會伯子男。」
> 文烝案：此《左氏》一家之言，未可用也。

子勤以爲《左氏》一家之言，不可用者，《穀梁》云：「內大夫可以會外諸侯」（文二
年），《補注》云：「《春秋》別內於外，異其辭耳。」知內大夫之所以得會外諸侯，
乃以《春秋》魯史，內魯而外諸侯，故尊之使內大夫得會外諸侯。《左氏》則不然，
以爲卿可會伯子男，而此經之晉爲侯爵，何可會乎？

又如宣十年：「齊崔氏出奔衛。」傳曰：「氏者，舉族而出之辭也。」范《注》
引何休云：

> 氏者，譏世卿也。

《補注》云：

> 《公羊》之義，不可通於傳，傳無譏世卿義，直謂舉族出耳。

由以上「理固如此，非傳意」，「不可通於《穀梁》」，「《左氏》一家之言，未
可用」，「《公羊》之義，不可通於傳」諸語觀之，則子勤「謹守《穀梁》」之態度
明矣。

二、酌采《左》《公》傳注

范注《穀梁》，兼采三傳，而亦各明其失。子勤《補注》，則謹守《穀梁》，而於
《左》《公》傳注之可采者，則廣爲徵引，以完足其說。子勤云：

> 若《左氏》、《公羊》及其注疏，或有可相補備者，文烝既盡取之矣。
> （哀元年）

下依《左》《公》傳注，略述其徵引之梗概。

（一）徵引《左傳》家

《穀梁》之解經，雖以取義爲主，然史實之詳明，有助義理之闡發，此不待言矣。而《左傳》專明史實，足假以明義者眾。子勤〈論傳〉云：

> （《左氏》）能博采諸國史書，詳陳事迹，使一經本末俱見，深爲有功於經。

故於《左傳》多所徵引，而於杜《注》、孔《疏》及其他《左傳》家亦徧及之，茲舉數例以明。

成十八年：「宋魚石復入于彭城。」范《注》云：「經稱復入者，明前奔時入彭城以叛也。今楚取彭城以封魚石，故言復入。」《補注》云：

> 《左傳》楚鄭同伐彭城，納魚石，以三百乘戍之。是所謂復者，楚復其位也，范乃謂前奔時入彭城以叛，於《左傳》既無證驗，又違傳之明例矣。

此《補注》引《左傳》所載，以糾范《注》之失也。又如昭十三年：「叔弓帥師圍費。」《補注》云：

> 趙匡曰：「凡內自圍者皆叛邑。」陳傅良因之曰：「內不言叛，言圍皆叛也。」文烝案：是年圍費，《左傳》稱南蒯以費叛如齊，定十年圍郈，《左傳》稱侯犯以郈叛，而續經哀十五年：「春王正月，成叛」，明是魯史書叛之文，則圍費、圍郈必先言叛可知也。

此《補注》引《左傳》所載史實，以證趙、陳二氏《春秋》內書圍皆叛之說。

昭十三年：「夏四月，楚公子比自晉歸于楚，弒其君虔于乾溪。」《補注》云：

> 杜預說《左氏》曰：「靈王死在五月，又不在乾溪，楚人生失靈王，故本其始禍以赴之。」杜是也。

此舉杜《注》以明史實，及死於五月，書於四月之由。除《左傳集解》外，亦及其《春秋釋例》，如定公即位，《補注》引杜預《釋例》曰：

> 昭公喪在外，踰年乃入，故因五日改殯之節，國史用元年即位之禮，因以此年爲元年。

此《釋例・公即位例》（卷一）之說也。

《補注》於孔穎達《正義》之徵引，亦隨處可見，亦舉例於下。隱元年春，《補注》云：

> 不釋春者，月繫於時，史之常文也。夏正建寅，殷建丑，周建子，孔穎達謂月改則春移是也。

又如隱九年：「大雨雪。」《補注》引孔穎達曰：

> 不直書大雪，與大水異者，水見其在地之多，故不言大雨水；雪見其
> 自上而下，故言大雨雪。其大雨雹亦同。

至其他《左傳》家，亦時見徵引，惟無法一一引述，茲舉一例以概見之。哀十四年：
「西狩獲麟。」《補注》云：

> 《異義》（連堂案：指許慎《五經異義》）載《左氏》說，以爲麟生於
> 火，而游於土，中央軒轅大角之獸，孔子作《春秋》，《春秋》者，禮也，
> 脩火德以致其子，故麟來而爲孔子瑞。鄭眾、賈逵、服虔、潁容等，皆以
> 爲孔子自衛反魯，考正禮樂，脩《春秋》，約以周禮，三年文成致麟，脩
> 母致子之應。

此所舉鄭眾、賈逵、服虔、潁容諸人，皆說《左傳》學者。

（二）徵引《公羊》家

《公》《穀》二家之釋《春秋》，同主於明義，兩者雖歧義不免，而大體相通，
於其相通處，固可取以爲證，於其歧義處，亦足互參以相發，故《補注》於《公羊》
傳注，亦廣爲徵引，茲略舉數例以明。

宣八年：「萬入去籥。」傳曰：「以其爲之變，譏之也。」《補注》云：

> 《公羊》曰：「萬者何？干舞也。籥者何？籥舞也。其言萬入去籥何？
> 去其有聲者，廢其無聲者，存其心焉爾。存其心焉爾者何？知其不可而爲
> 之也。」……文烝案：傳文簡略，須以《公羊》證明之。

此乃因《穀梁》過於簡略，故《補注》引《公羊》補明之。又如宣八年：「日中而克
葬。」傳曰：「而，緩辭也，足乎日之辭也。」定十五年：「日下稷，乃克葬。」傳
曰：「乃，急辭也，不足乎日之辭也。」《補注》云：

> 《公羊》曰：「而者何？難也。乃者何？難也。曷爲或言而或言乃？
> 乃難乎而也。」《公羊》意與傳同，時加於午，視日下稷爲早，是以其足
> 乎日而爲緩辭也。緩亦是難，視彼爲緩耳。（宣八年）

此《補注》引《公羊》而、乃之釋，與傳緩辭、急辭之說，以明兩家似有別而實相通。

至何休《解詁》，子勤於〈論經〉有云：

> 若欲求解經之法，則當先讀何休《注》，何氏固多怪妄之說，而條例
> 文義之細密融貫，實爲古今第一。孔廣森嘗稱其體大思精，今《補注》中
> 或采其語，或師其意，獲益甚多。

其以何《注》爲古今第一，或采其語，或師其意，可見其推許之高，及影響之大，

茲舉例以明。

隱元年：「公及邾儀父盟于昧。」《補注》引何休曰：

> 于者，於也。凡以事定地者，加于例，以地定事者，不加于例。

此《補注》引何休之發凡經例以爲補證。又如宣八年，傳曰：「聞大夫之喪，則去樂卒事。」《補注》引何休曰：

> 禮，大夫死，爲廢一時之祭，有事於廟而聞之者，去樂卒事，卒事而聞之者，廢繹。

此《補注》引何休之說禮制以證傳，謂大夫死當廢其祭樂之事，以明宣公聞仲遂之卒，不能去樂卒事，所以見譏。以上二例，子勤所謂「或采其語」者也。而《補注》亦如何休之發凡經例，又謹守《穀梁》以攻《左》《公》之不合於傳者，亦如何休之墨守《公羊》，並作《左氏膏肓》、《穀梁癈疾》〔註5〕，以攻二傳，此所謂「師其意」者也。

《補注》於徐彥《公羊疏》，徵引亦多，而十之八九皆明三傳之異文，亦舉二例。莊十六年：「會齊侯、宋公、陳侯、衛侯、鄭伯、許男、曹伯、滑伯、滕子同盟于幽。」《補注》撰異〔註6〕云：

> 板本《公羊》會上衍「公」字。

並引《公羊注疏》以證，其言曰：

> 下十九年何《注》曰：「先是鄄幽之會，公比不至。」徐彥《疏》曰：
> 「彼二經皆不言公會，故知不至矣。」

由何《注》、徐《疏》之言，可知至徐彥疏《公羊》，經文尚無公字，後之板本有公字者，衍文也。又定十年：「叔孫州仇、仲孫何忌帥師圍郈。」《補注》撰異云：

> 此「郈」《公羊》作「費」，徐彥曰：「《左氏》《穀梁》此『費』字皆爲『郈』，但《公羊》正本作『費』字，與二家異，賈氏不云《公羊》曰費者，蓋文不備，或所見異也。」

至其他《公羊》諸家，徵引較多者有董仲舒及孔廣森二家，茲各舉一例。如莊六年：「公至自伐衛。」傳曰：「惡事不致，此其致何也？不致，則無用見公之惡事之成也。」《補注》引董仲舒曰：

> 《春秋》視人所惑，爲立說以大明之。

〔註5〕 王師熙元先生曰：「癈疾之癈當作癈，阮元襄七年《左傳注疏校勘記》云：『案《說文》：「癈、固疾也。」與廢興字有別，凡經典癈疾字，宋後俗本多作廢。』見《穀梁著述考徵》，頁112，廣東，63年2月出版。今從王師說。

〔註6〕 「撰異」者，《補注》論三傳之異文也。參見本章第三節之〈避觳〉。

此謂經之常例，惡事不書至，然此處不書無以見公惡事之成，故書之以解人之惑，董仲舒所謂大明是也。又如隱十一年，傳曰：「君弒，賊不討，不書葬。」莊元年，傳曰：「繼弒君不言即位，正也。」《補注》引孔廣森曰：

> 君弒，賊不討，不書葬，以義治也；君弒，子不言即位，以仁治也，二者並《春秋》新意。（莊元年）

三、博采群書諸儒

子勤〈自序〉云：

> 竊謂《穀梁》解《春秋》，似疏而密，甚約而該，經固難知，傳亦難讀，學者既潛心於茲，又必熟精他經，融貫二傳，備悉周秦諸子，及二千年說者之得失，然後補苴張皇，可無遺憾，以予淺學，蓋未之逮，唯曰實事求是，而盡心平心，則庶幾矣。

子勤雖自謂「淺學未逮」，然又云「實事求是」，「盡心平心」，知其不惟潛心於《穀梁》經傳，且於二傳、諸經、諸子、及二千年來之《春秋》學，皆曾投注浸淫，故得以隨處徵引，補苴張皇。

就十三經言，三傳不論，餘十經皆遍引之，尤其文字訓詁之徵引《爾雅》者，更可謂俯拾皆是，而如《論語》，與《春秋》同為孔門之代表經典，其相關相通，自不待言，甚且《穀梁》有直取《論語》之文者，如「《春秋》成人之美，不成人之惡」（隱元年），「過而不改又之，是謂之過」（僖二十二年），「以其不教民戰，則是棄其師也。」（僖二十三年）〔註7〕故《補注》於《論語》可證經傳者，多所徵引。再如《周禮》、《儀禮》，《補注》引以說禮制者，亦不為少，子勤云：

> 大氐經文（連堂案：指《春秋》經）皆據周典為義，故諸傳所陳制度，及凡言古，言禮，言正者，亦皆依周制言之，以今之《周禮》五篇合諸傳，唯若盟詛征稅之法，祭祀田獵之文，此類頗為乖異，自餘則可取證者多也。
>
> （隱九年）

故《補注》之禮制說釋，其《周禮》有可采者，大氐以《周禮》為據。至如《毛傳》之訓詁、典禮，亦多所取用，惟《孝經》之徵引較少耳。

訓詁書籍除《爾雅》外，如《說文》、《方言》、《釋名》、《廣雅》、《玉篇》、《廣韻》、《釋文》諸書，亦皆為大量取材之根據。

就諸子言，秦漢之儒、墨、道、法、陰陽，皆有取用，惟先秦之孟、荀，漢儒

〔註7〕《論語·顏淵》：「君子成人之美，不成人之惡。」〈衛靈公〉：「過而不改，是謂過矣。」〈子路〉：「以不教民戰，是謂棄之。」

之董仲舒、劉向、鄭玄、許慎諸儒外，采擇他家者不多。至唐陸淳以下，迄宋元之
《春秋》家，則幾乎遍及之。如唐之陸淳、啖助、趙匡，宋之孫復、劉敞、孫覺、
蘇轍、蕭楚、崔子方、葉夢得、呂本中、胡安國、陳傅良、張洽、趙鵬飛、呂大圭、
家鉉翁，元之俞皋、程端學、趙汸、黃澤、汪克寬，《補注》中或明引其文，或師用
其意，或證成其說，或駁其闕漏，隨處可拾，足見其於前人成就浸淫之深，用力之
勤，得以貫通融會，取精用宏，既明其得，復著其失，以成就一家之學。

至於同代之前輩，如段玉裁、王念孫父子、惠棟、阮元諸家訓詁、考據之成就，
《補注》中亦大量采擇，即以王引之《經義述聞》言之，《穀梁傳》計六十一條，《補
注》明引王念孫、王引之以為說者，達四十五條，雖未明引而用其意者六條，另有
三條批駁王氏之說，僅七條未列其中，可見其徵引之富。

至同時之學者，或其言可采，或曾與論學，或弟子之請益，亦載之而不遺，如
引陳奐（宣八年）、錢儀吉（桓二年）等之說，采其言也；直謂「汪曰楨語予」（隱
九年）、「俞樾語予」（哀元年），此與時人論說也；而「沈善登書來」（〈論經〉），則
弟子之請益也。

子勤云：

> 廣采異聞，可資博物。（哀元年）

又云：

> 凡解古書，集眾家，記姓名者：何晏、李鼎祚之屬，專記前人者也；
> 范氏兼記同時人及其子弟者也；裴駰、李善之屬，又推及所引他書之注
> 者也。文烝附范書為補注，兼用三例，記姓名者三百餘焉。（《穀梁集解‧
> 序注》）

可知子勤於言之可采，不論其古書典籍，或其傳注，是先儒前賢，或時人，甚或弟
子，皆兼收並蓄，故能成其博大而無遺。

四、漢宋並蓄兼及考據辭章

子勤云：

> 凡讀諸經典，須通全部，先定大主意……又須用逐句逐字之功……既
> 言指略，又言章句，此真讀書之法歟！（〈論經〉）

其所謂「大主意」，所謂「指略」者，宋儒所重義理之學也。而所謂「逐句逐字之功」，
所謂「章句」者，漢儒所重之文字訓詁也。子勤謂「既言指略，又言章句」者，意
謂讀書既得摠其指略，明其義理，亦須逐字逐句，明文字之形音義，始得免於「空
疏無本」之弊，「破碎支離」之譏。其讀書如此，其注書亦然。《補注》之作，正為

漢宋並蓄，既能闡明義理以定大意，復能訓解文字以為之根。

　　就義理之闡明言，《春秋》之義，如正名定分，序列尊卑，崇君抑叛臣，尊周室，攘夷狄，辨是非，別賢佞，貴和盟，賤兵戰，守經常，達權變，為天下立法，以垂教後世，凡此種種，《補注》中皆能有所發明，此先定大主意也。

　　就文字之訓解言，或明其為本字，為假借，為古文，為俗字，或明其為雙聲，為疊韻，為古音相同，為音同義通，或以本義為訓，或以引申為訓，或今語訓古語，或雅音訓方言，或名器說釋，或稱謂訓解，有時亦兼及訓詁用語、訓詁原理之闡明，此逐字逐句之功也。

　　唐宋以來之《春秋》學，多以義理為主，至清代，漢學復興，小學昌明，學者鮮不受影響，故《補注》中於義理外，亦兼及文字。此外，清代新興之考據，如典章禮制、版本、校讎諸方面，子勤費心亦多，成就亦復不小。就典章禮制言，沈善登〈穀梁書後〉云：

　　　　凡古今考據家所持論斷斷者，若立君，若世卿，若田制，軍制，廟制，
　　宮寢之制，冕弁之制，喪葬祔練之制，祖禰昭穆之制，……莫不貫穿群籍，
　　擇精而語詳。

足見其蒐采辨析之勤。就版本校讎言，其〈略例〉云：

　　　　凡經傳注疏，及所稱引，皆以舊本、善本、精校本，審定其字。

而其校讎經傳，態度亦皆能審慎謹嚴。或以傳校傳，或以注疏校傳，或以類書，以所引書為校，有功於《穀梁》實多。至三傳異文之由，或明其為字同體異，為同音通假，為方音不同，或為形近而誤，為音近而誤，為衍文，為脫文，此皆版本校讎上之成就也。

　　除義理、文字、考據之外，前人鮮少論及之《穀梁》辭章 〔註8〕，《補注》中亦偶或及之。其〈論傳〉云：

　　　　《穀梁》文章有二體，有詳而暢者，有簡而古者，要其辭清以淡，義
　　該以貫，氣峻以屬，意婉以平，徵前典皆據正經，述古語特多精理。

〔註 8〕前人論《穀梁》文章者，如范甯云：「《穀梁》清而婉，其失也短。」（《穀梁集解·序》）柳宗元云：「參之《穀梁》，以厲其氣。」（〈答韋中立論師道書〉，《柳河東集》卷三十四）皆僅隻字片語。而其成書者，王師熙元先生《穀梁著述考徵》第九章〈評選之屬〉云：「自明、清以來，有專評《穀梁》之書，或評其文辭，或評其義理，如明鍾惺、清王源各有《穀梁傳評》是也。亦有選抄《穀梁》之文以為範本者，如清儲欣有《穀梁選》，孫琮有《穀梁傳選》，高塘有《穀梁傳鈔》，梁鼎芬、曹光弼合輯《穀梁傳文抄》是也，其中儲、高二書亦兼評。」數家中或僅為選文而已，評析不多。王師語見該書頁 145，廣東，63 年 2 月出版。

又云：

> 至其解經之妙，或專釋，或通說，或備言相發，或省文相包，或一經
> 而明眾義，或闡義至於無文。

此前人所未見，而子勤發明之者也。

由上之概述，可知子勤之《補注》，乃漢宋並蓄，兼及考據辭章。

五、求詳能斷

子勤《補注》往往廣徵博引，羅列眾家之說，以求其詳明，其〈略例〉云：

> 凡《補注》之作，以徵引該貫，學鄭君三禮注，以探索精密，學朱子
> 《四書章句集注》《或問》，雖不能至，心鄉往之，求詳也。

如桓二年：「宋督弒其君與夷及其大夫孔父。」傳曰：「何以知其先殺孔父也？曰：
子既死，父不忍稱其名，臣既死，君不忍稱其名，以是知君之累之也。」《補注》於
「累」字之訓解，即廣引眾說。范《注》云：「累，謂從也。」《補注》云：

> 《注》非也。累之正字本作纍，省作累。《戰國策》纍、累通用。《玉
> 篇》纍字有「力僞切」一音，云「延及也」，又曰：「累同上。」《廣韻》
> 曰：「累，緣坐也。」緣與延同義。王逸《楚辭注》：「纍，緣也。」《毛傳》：
> 「纍，蔓也。」緣、蔓皆延也。傳言「君之累之」者，謂督欲弒君，延坐
> 及、於孔父，以致先死也。《左傳》引《書‧康誥》：「父子兄弟，罪不相
> 及。」《管子》曰：「凡過黨，其在家屬，及于長家。」劉績《注》曰：「及，
> 坐及也。」上言以尊及卑，及者與也，此言累之，明凡殺大夫言及者，又
> 為延及、坐及之及。《公羊》曰：「及者何？累也。」與傳同也。凡殺言及
> 皆為累，而孔父之累，則為先死，公子瑕、箕鄭父、慶寅，傳皆言累，並
> 無先死之事，事雖不同，其為延坐一也。傳曰「罪累上也」，又曰「以累
> 桓也」，「累及許君也」，「衛侯累也」，皆為緣坐延及之義，正可與此相證。
> 而范乃訓累為從，何休說《公羊》，以為累從君而死，齊人語。《疏》又引
> 麋信云：「累者，從也。謂孔父先死，殤公從後被弒。」皆失之矣。孔廣
> 森說《公羊》，讀若伏生《書‧甫刑傳》「大罪勿纍」，勝於舊說。又引〈反
> 離騷〉之「湘纍」李奇〈注〉，謂「諸不以罪死曰纍」，則牽合之說也。

綜《補注》所引，計有《戰國策》、《玉篇》、《廣韻》、王逸、《毛詩傳》、〈康誥〉、《管
子》、劉績、《公羊》、何休、麋信、孔廣森、李奇十餘家，所論自累之正俗字、音切、
字義、傳文之正解、《穀梁》他處「累」字訓解之同異，累與及之相通，以至他書於
「累」字之訓解，他人訓解之不當與牽合，皆所以「求詳」也。

惟羅列眾說，若不能通貫以明斷，則將紛然而無所歸，不惟無益經傳，反致生疑淆亂，故求詳之外，子勤尚勉於明且斷，其〈自序〉論前人注疏云：

> 趙岐之拙，王弼之巧，皆失之不明，李鼎祚、衛湜之浩博，又苦於不斷，予期於明且斷而已矣。

如前例之訓「累」，明言其為「延坐」之意，是所謂斷也。復舉一例為說。哀六年：「齊陽生入于齊，齊陳乞弒其君荼。」傳曰：

> 陽生入而弒其君，以陳乞主之何也？不以陽生君荼也。其不以陽生君荼何也？陽生正，荼不正。不正，則其曰君何也？荼雖不正，已受命矣。入者，內弗受也。荼不正，何用弗受？以其受命可以言弗受也。陽生其以國氏何也？取國于荼也。

范《注》云：

> 何休曰：「即不使陽生以荼為君，不當去公子，見當國〔註9〕也。又《穀梁》以為國氏者，取國于荼，齊小白又不取國于子糾，無乃近自相反乎？」鄭君釋之曰：「陽生篡國，故不言公子。不使君荼，謂書陳乞弒君爾。荼與小白，其事相似，荼弒乃後立，小白立乃後殺，雖然，俱篡國而受國焉爾。傳曰：齊小白入于齊，惡之也。陽生其以國氏何？取國于荼也。義適互相足，又何自反乎？子糾宜立，而小白篡之，非受國于子糾，則將誰乎？」

《補注》云：

> 何既失之，鄭又非也。此與上不以陽生君荼，各自為義。荼以不正新立，故正者不宜君之。荼已受命，國實其國，故謂之取國于荼。不君之可，取其國不可，此經義之精，而傳發之也。陽生事與小白不同；小白以不正殺正，正者實未有國，陽生以正弒不正，不正者實已有國。齊小白，齊陽生，文同事異，其義亦異，傳一曰「惡之」，一曰「取國」，各順經義為說，非自相反，亦不得以為互相足。」

此子勤據傳析論，明傳之正理明確，而經義之隱微精密處，得以顯發。就荼言，陽生正，荼不正，故陽生不以為君，而書曰「陳乞弒君」；就陽生言，荼已為君，國實其國，故加國氏書「齊陽生入于齊」，以明其取國于荼。而小白與陽生，雖同加國氏，

〔註9〕當國者，何休云：「欲當國為之君，故如其意，使如國君。」（隱元年）其義如《穀梁》所謂「嫌」也，傳曰：「大夫弒其君以國氏者，嫌也。」（隱四年）《補注》云：「謂非正嗣也。嫌，疑也，疑於君也。」即本非正嫡，分不當為君者，以叛篡弒而欲當國為君之謂也。

雖同書入，然小白爲以不正殺正，陽生爲以正弒不正，子糾雖正而無其國，荼雖不正而有其國，故子勤謂其「文同事異，其義亦異」，此足可釋何休之難，亦不勞鄭玄之曲爲解說，可謂文辯而理達，所謂「明且斷」者也。

　　子勤《補注》雖祈於詳明，惟其所徵引，亦必以足以通貫經義，正解文字者爲限，非徒求其浩博而無所歸也。而所謂能斷，亦必以客觀理據爲前提，而非妄斷，武斷，子勤云：

　　　　今說經傳，但通其可通者，未敢妄生枝蔓矣。又據經及他書，似凡伯、
　　　召伯、毛伯及單伯，皆世稱伯，任叔、榮叔，皆世稱叔，南季世稱季，家
　　　父世稱父，亦未知何說也。（隱九年）

所謂「通其可通，未敢妄生枝蔓」者，徵引有其限斷也，所謂「未知何說」者，於其所不知，不敢妄斷也，而於他處又云：

　　　古書異說，不可強同。（桓四年）
　　　某氏之說亦以巧矣，姑記於此。（桓二年）
　　　其說皆未必然，姑記於此。（桓十八年）

皆存眾說，而不求其必斷也。

第三節　體　例

　　子勤《補注》之體例，除其所列〈略例〉外，復析出專釋、通說、互見三條。今先此三條，後〈略例〉，皆舉證說明之。惟〈略例〉九條中，第二條：「凡《補注》之作，以徵引該貫，學鄭君三禮注，以探索精密，學朱子《四書章句集注》《或問》，雖不能至，心鄉往之，求詳也。」及第三條：「凡《春秋》中不決之疑，今悉決之，其未經人道者，竊比於梅鷟辯僞書，陳第談古韻，皆可以俟後世，徵實也。」已於前節博采群書諸儒，漢宋並蓄兼及考據辭章，及求詳能斷之態度中論及，此不重出。

一、專　釋

　　子勤以傳之釋經，有專釋，有通說者〔註10〕，而其補注經傳亦然。所謂專釋者，《補注》之說，僅專就此經傳而發，無關其他經傳文字。如隱三年：「天王崩。」傳曰：「以其在民上，故崩之。其不名何也？大上故不名也。」《補注》云：

　　　大上者，最上之稱，即上文在民上也。天下一人，故不必名，又不敢斥名。

此於「大上」之訓解，乃專就此傳而發，不旁涉其他文字。又如閔二年：「冬，齊高

〔註10〕參見本論文第四章第四節〈《穀梁》解經方式之析論〉。

子來盟。」傳曰：「盟立僖公也。」《補注》云：

> 此盟亦前定。前定之盟不日，桓盟亦不日，以是立君大事，故又不月
> 以異之。

此謂前定之盟不日，例書月，桓盟亦不日，例亦書月，而此盟為前定，為桓盟，依例亦當書月，而特書時者，以此為盟立僖公，故異常例，以明其非常。《補注》之說，乃專就此經而發，不適於他處之前定之盟及桓盟。

前一例之「大上」，全經傳惟此一見，後一例為同類事例中之特例，皆專就該處而發，均屬諸專釋也。

二、通　說

通說者，《補注》之於經傳，雖發於某處，而其說亦適於他處，非專就此處而言。其顯例為《補注》於經傳義例之發凡。如隱十年：「宋人、蔡人、衛人伐載，鄭伯伐取之。」《補注》云：

> 伐取之、殺之、用之、刺之，凡句末言之者，皆緩辭例。

此發凡經例也。如隱元年傳曰：「其志，未及事也。」《補注》云：

> 凡傳言「其志」者，猶《公羊》言「何以書。」

此發凡傳例也。

除發凡經傳義例外，如隱三年傳曰：「諸侯日卒，正也。」《補注》云：

> 諸釋經言正也者，謂常理常例。而諸侯卒之為正，又兼有嗣立正不正之義。

此以常理常例釋正者，雖說於此傳，實通全傳而皆然。又諸侯卒之為正，并有嗣立正不正之義，亦通全傳諸侯之正卒為說，非限此傳之釋，亦皆通說也。

三、互　見

互見者，《補注》之釋經傳，於同類之事義，注於彼，不重出於此，而注以「說見某年」，或注於此，復注於彼，合兩處或多處而義乃備，並注以「又論之於彼」、「見某年」等，皆屬之。

前者如宣三年傳曰：「乃者，亡乎人之辭也。」范《注》云：「譏宣公不恭致天變。」《補注》云：

> 《注》解亡乎人非也，說見僖三十一年。

此乃《補注》於僖三十一年曾詳說「亡乎人」之意，此處與僖三十一年同例，已論於彼處，此不復論，而注以「說見僖三十一年」。又如隱元年傳曰：「隱將讓，而桓弒之。」《補注》云：

陸德明《音義》曰：「弒又作殺」，說詳後四年。

此以《補注》詳釋「殺、弒」二字於隱四年，此處不釋，而注以「說詳後四年」。

後者如隱元年傳曰：「兄弟，天倫也。」《補注》云：

夫人之長子爲太子，太子死，則立其母弟，是立適依兄弟之倫也。八妾所生子，通以年長幼爲兄弟，無太子適子，則立庶子最長者一人，是立庶依兄弟之倫也。……周制天子諸侯立子之法，《穀梁》與《左氏》說同。以後四年傳，文十八年傳，與此傳合而觀之，略可見。又論之於彼二處。

此《補注》論周制天子諸侯立子之法，於此傳雖已論及，然並未周延，復又隨文論於隱四年及文十八年，故云「合觀」，云「又論之於彼處」，三文互見也。又如隱七年傳曰：「其弟云者，以其來接於我，舉其貴者也。」《補注》云：

《疏》曰：「叔肸稱弟，傳云『賢也』，此年稱弟，傳云『舉其貴者』，則稱弟有二義。」……稱弟實不止二義，見莊二十五年。

莊二十五年：「公子友如陳。」《補注》云：

凡外書弟者，來我則以貴錄，出奔見殺則以親錄，亦兼見無罪殺世子亦以親錄，帥師亦以親貴錄，內書弟者，則以賢錄。

知稱弟除賢、貴二義，尚有親之一義，合兩文義始周延，互見也。

四、隨　宜

〈略例〉第一條云：

凡范《注》全載，或移其處；《疏》則《補注》中采之，頗有增刪并析，隨宜也。

《補注》於范《注》，除隱九年以注文謬誤刪去「天子」二字，宣十八年以注文贅滯不暢，刪去「莊八年秋師還是也」八字，兩處刪注外，餘皆全載之。而所謂「移其處」者，爲使經傳與注文更見緊密，乃析分注文，或移挪注文於所注經傳之下。如莊二十五年傳曰：「大夫擊門，士擊柝，言充其陽也。」范於「也」字下注曰：「凡有聲皆陽事，以壓陰氣。柝，兩木相擊。充，實也。」《補注》則將「柝，兩木相擊」析出，置於「柝」字下，使傳注緊密相連，而於「也」字下作：「凡有聲皆陽事，以壓陰氣。充，實也。」〔註11〕

《補注》於范《注》，全載之，於楊《疏》，則或采或不采。子勤〈自序〉云：

存豫章之元文，擷助教之要義。〔註12〕

〔註11〕《補注》於范《注》之刪移，參見本論文第三章第八節〈刪移注文〉。
〔註12〕豫章指范甯，甯嘗爲豫章太守，見《晉書》卷七十五〈〈范汪傳〉附傳〉。助教指楊

即指此而言。而其擷采之者，隨文引於《補注》之中，且其文字，或增，或刪，或并，或析，〈略例〉所謂「隨宜」者也。其中刪簡疏文以爲用者頗多，而增之、并之、析之則僅一二處耳，茲各舉一例以明之。

莊三十一年：「齊侯來獻戎捷。」傳曰：「軍得曰捷。戎，菽也。」楊《疏》云：

案《管子》云：「出戎菽及冬蔥，布之天下。」則以戎爲豆也。故徐邈云：「今之胡豆也。」舊解以爲依違其文，恐失傳旨。僖二十一年傳云：「其不曰宋捷何也？不與楚捷于宋也。」范云：「據莊三十一年齊侯來獻戎捷。」據彼傳及注意，則似不以戎爲豆，今疑不敢正，故兩載之。」

《補注》引之，而於「管子云」下多「北伐山戎」四字，於「注意」下多「宋是中國，故捷不繫國，戎是夷狄，故繫之戎」十七字，此所謂增也。然楊《疏》「舊解」以下至「注意」，凡五十三字，《補注》引作「據僖二十一年傳」七字，此所謂刪也。

僖二十一年：「夏，大旱。」傳曰：「旱時，正也。」《補注》引楊《疏》曰：

凡非八月九月而雩者，皆書時，以見非正，書秋書冬是也。其旱則例皆時，何者？旱必歷月，非一月之事，故書時爲正也。宣七年秋大旱，亦蒙例可知。

此疏文實乃并僖十一年之「若八月九月雩，則書月以見正，……餘月雩者，則書時以見非正。……其旱則例皆時，……宣七年秋大旱，亦蒙例可知。」及二十一年之「旱必歷時，非一月之事，故書時爲正也。」《補注》將兩處疏文合於一處，所謂并也。

桓八年：「祭公來，遂逆王后于紀。」傳曰：「遂，繼事之辭也。」楊《疏》云：

依范氏《略例》凡有十九遂事，傳亦有釋之者，亦有不釋者，此是例之首，又天子大夫，嫌與諸侯臣異，故發繼事之辭。……僖二十八年諸侯遂圍許，會溫已訖，中間有事，必恐不相繼，故發傳以明之。曹伯襄遂會諸侯圍許，恐彼釋而遂與常例異，故重發之。……宣十八年，歸父遂奔齊，嫌出奔不得同於繼事，故發之。襄十二年季孫宿遂入鄆，嫌不受命，與常例不同，故發之。

楊《疏》將全傳遂事綜釋於此，而《補注》則析分之，各引於發傳之桓八年，僖二十八年，宣十八年及襄十二年，其中僖二十八年有「諸侯遂圍許」及「曹伯襄遂會諸侯圍許」兩處，計析爲五處，此所謂析也。

士勛，楊氏曾爲四門助教。陳振孫《直齋書錄解題》：「《春秋穀梁傳疏》十二卷，唐國子四門助教楊士勛撰。」（卷三）

五、省　煩

〈略例〉第四條云：

> 凡百家之解，四部之文，今已逸者，從他書所引引之，不連舉他書之
> 名，省煩也。

舉例以明之。莊元年《補注》引賈逵、服虔云：

> 桓公之薨，至是年三月，期而小祥，公憂思少殺，念及於母，以其罪
> 重，不可以反之，故書孫于齊耳，其實先在於齊，本未歸也。

而賈逵《左氏解詁》，服虔《左氏傳解誼》已逸，此說見於《毛詩·齊風·南山》
詩之《正義》所引，《補注》引之，直題賈逵、服虔，而不明舉引自《毛詩正義》。
又如桓五年引服虔曰：

> 雩之言遠也，遠爲百穀祈膏雨。

則見於《禮記·月令·正義》所引，而亦不明舉引自《禮記正義》，子勤以爲省煩也。

然亦有例外者，如桓四年，《補注》云：

> 孔穎達〈王制正義〉，引鄭君《釋廢疾》，謂《穀梁》四時田者，近孔
> 子故也。

此則明舉已逸之《釋廢疾》爲〈王制正義〉所引。

惟此省煩一例，於子勤，省則省矣；於吾人，則未必也，以其未明舉出自何書
所引，而吾人考查爲難也。

六、表　異

〈略例〉第五條云：

> 凡古今諸儒皆直稱其姓名〔註13〕，本范《注》舊例，范於鄭君獨不名，
> 今又以朱子配之，而推及於韓子、周子、程伯子、程子、張子、邵子，表
> 異也。

范《注》於諸儒之徵引，皆直稱其名，如「董仲舒曰」，「徐邈曰」，惟鄭玄則稱「鄭
君曰」而不名，如隱三年秋，莊七年夏是。子勤本其意，而配以朱熹，並推及韓愈，
周敦頤、程顥、程頤、張載、邵雍六人，皆稱子而不名，蓋以示一己之崇仰也。茲
各舉一例以證。

隱元年引鄭玄，《補注》云：

> 鄭君〈郊特牲注〉曰：「夫或爲傳。」

桓十八年引朱熹，《補注》云：

〔註13〕子勤范甯《穀梁集解·序注》云：「記姓名者，三百餘焉。」

　　　　朱子曰：「孔子直書，義在其中。」

宣八年引韓愈，《補注》云：

　　　　韓子詩云：「《春秋》書王法，不誅其人身。」

莊元年稱周敦頤、程頤、張載，《補注》云：

　　　　　宋周子善談名理，而程子因有理與氣之說，張子亦有天地之性，氣質
　　　之性之說。

宣四年稱程顥，《補注》云：

　　　　天理字本〈樂記〉，乃程伯子所以得不傳之學者矣。

〈論經〉自注引邵雍云：

　　　　邵子所謂錄實事而善惡形於其中也。

七、愼　辨

　　　〈略例〉第六條云：

　　　　　凡經傳中　聖諱字　廟諱三字，皆敬缺筆，經傳外諸應敬避者，或缺
　　　筆，或改寫，若以他字代，則方匡其外，至私諱，水部、木部各一字，亦
　　　缺筆，在經不缺筆，愼辨也。

此乃前人著書刻書之特有現象。亦略舉一二例以明。桓十年：「公會衛侯于桃丘。」
丘作「𠀌」，缺筆避孔子諱，子勤所謂「聖諱字」也。僖二十二年：「宋公及楚人戰
于泓。」泓作「泓」，缺筆避清高宗弘曆之名，子勤所謂「廟諱字」也。而隱三年《補
注》：「《漢書·律曆志》」，曆作𤉢，乃以同音字相代，而方匡其外，以明避諱，此亦
避清高宗名也。至其私諱，水部者乃「濱」字，為其祖諱，見於桓八年傳「或曰：
天子無外，王命之則成矣」之范《注》：「四海之濱，莫非王臣。」木部則是「棠」
字，為其父諱，見隱五年「公觀魚于棠」之范《注》：「棠，魯地。」兩字皆缺末筆。

八、懲　誤

　　　〈略例〉第七條云：

　　　　　凡經傳注疏及所稱引，皆以舊本、善本、精校本，審定其字，懲誤也。

此子勤自明所用《穀梁》經傳注疏及稱引之書，其版本選用之審愼。

　　　《補注》中明示其版本者，有唐石經、余仁仲萬卷堂本、景祐本、十行本、蜀
大字本、鄂州本、汲古閣等《穀梁》版本，及漢石經《公羊》殘碑、汲古閣《左氏》、
汲古閣《公羊》等，雖無以見其全貌，然子勤既曾著意及此，而其同代前輩諸人，
於版本校讎上之諸多成就，其選用善本以懲誤，當無可疑。

九、便　覽

〈略例〉第八條云：

> 凡傳皆連於經，經傳一條，第二行以後，皆下一字一條，畢乃提行，無傳之經，每條提行，便覽也。

傳連於經者，如隱元年經：「及宋人盟于宿。」傳曰：「及者何？內卑者也，宋人，外卑者也。」經傳一條。而范《注》則隨經傳緊連其下，《補注》則題「補曰」二字，以隔別范《注》，接於范《注》之下。如傳文「外卑者也」下云：「卑者，謂非卿大夫也。補曰：韋昭《國語注》……。」「卑者，謂非卿大夫也」，此范《注》也，「補曰」以下，《補注》也，見書影二之一。又經傳無注者，《補注》仍題「補曰」，緊接於經傳之下，見書影二之二。無傳之經，每條提行，見書影二之二。

十、避　殽

〈略例〉第九條云：

> 凡撰異上皆加圈，《補注》有餘意更端者亦加圈。注中有注，則於眉端附存之，避殽也。

撰異者，論三傳之異文也。如桓十七年：「夏五月丙午，及齊師戰于郎。」撰異曰：「《公羊》無夏，《左氏》唐石經亦無夏，惟《穀梁》唐石經有夏，……。」《補注》例於「撰異曰」上加「○」，〈略例〉所謂避殽也，見書影三之一。而有餘意更端者，如桓十七年傳曰：「不言及之者，為內諱也。」《補注》全文自「補曰」以下，至「若是而已矣」止，其中於「不言及之者，嫌有異也」及「桓，賊也」之間，加一「○」，以示至「不言及之者，嫌有異也」，意有未盡，而自「桓，賊也」起，又重新始端。

注中有注，附存眉端者，如上所引撰異中，有「蘇轍本、葉夢得本、張洽本，皆無夏字」，而子勤於眉端注曰：「今通志堂刻葉傳本，剜板擠增夏字。」見書影三之一〔註14〕。

〔註14〕此種注法，惟信美堂本如此，餘各本則附於每卷之後。

第三章　對范《注》之證補

　　子勤以范《注》簡略，又舛誤多有，苟不備爲補正，將令《穀梁》面目精采，永爲《左氏》《公羊》所掩，此《補注》所以作也。而其證補范《注》，有指其注傳之依據者，第一節〈注文徵引之指明〉是也；有證補其文字、名物、稱謂之訓解者，第二節〈文詞訓釋之證補〉是也；有證補其禮制、史實、地名、書法者，第三、四、五、六等四節所論是也；有釋其疑傳者，第七節〈補甯所未詳〉是也；有刪注、改注、以注當刪當改者，第八節〈刪移注文〉是也；有范《注》舛誤，《補注》糾正駁斥之者，第九節〈駁注〉是也。

第一節　注文徵引之指明

　　范注《穀梁》，或明引某年傳文以爲注，如莊九年傳曰：「大夫出奔反，以好曰歸。」范《注》：「成十四年，衛孫林父自晉歸于衛是也。」或明引某書以爲注，如隱三年：「春王二月己巳，日有食之。」范《注》：「京房《易傳》曰：『日者陽之精，人君之象。驕溢專明，爲陰所侵，則有日食之災，不救必有篡臣之萌；其救也，君懷謙虛、下賢、受諫、任德，日食之災爲消也。』」或明引某人之說以爲注，如僖十六年：「六鶂退飛過宋都。」范《注》：「劉向曰：『鶂，陽也；六，陰數也；象陽而陰行，必衰退。』」然其未注明某年傳文，而惟云「傳例曰」，未注明某人某書，而直接引用者，爲數亦多。楊士勛作《疏》，於范《注》未明言處，曾爲之指明，如僖三十一年傳曰：「免牲者，爲之緇衣熏裳，有司玄端，奉送至於南郊；免牛亦然。」范《注》：「全曰牲，傷曰牛，牛有變而不郊，故卜免牛。」楊《疏》云：

　　　　哀元年傳文。

又如隱元年傳曰：「然則爲鄭伯者宜奈何？緩追逸賊，親親之道也。」范《注》：「君

親無將，將而必誅焉，此蓋臣子之道，所犯在己，故可以申兄弟之恩。」楊《疏》云：

> 莊三十二年《公羊傳》文。

惟楊《疏》未予指明者尚多，至子勤爲《補注》，於范氏未注明處，乃多所引證，此可明范注《穀梁》經傳之依據。

一、指明傳例之所在

《穀梁》解經，有所謂傳例者，在明《春秋》之書法，於某人某事，書以某辭，是爲某義，如或書伐或書侵，或書日或書月，皆有其特定之義。惟《穀梁》尚簡，其傳例往往某處發凡通例，於他處即不再重出，如文二年：「公孫敖會宋公、陳侯、鄭伯、晉士穀盟于垂歛。」傳曰：「內大夫可以會外諸侯。」而於文十六年「季孫行父會齊侯于陽穀」，宣十五年「公孫歸父會楚子于宋」，成十八年「仲孫蔑會晉侯、宋公、衛侯、邾子、齊崔杼，同盟于虛杅」等，傳皆不再發傳。范注《穀梁》，則有於不發傳文處注以傳例者[註1]，然未明其例之出於何公何年，楊《疏》或指明之，然《疏》有未盡，子勤《補注》於未盡處，復指明之，使更見詳備，此有助於全傳之會通，且此用甲例，彼用乙例，同類人事之書法不同，屬辭比事，異同乃見，而《春秋》之微言大義以明。茲舉例說明於下。

1. 隱四年：「莒人伐杞取牟婁。」

   范《注》：「傳例曰：『取，易辭也。』」

   《補注》：「《注》引『易辭』例，在莊九年傳。」

   連堂案：莊九年：「齊人取子糾殺之。」傳曰：「取，易辭也。」此《穀梁》於莊九年發凡「取」之通例，而於他處，如此例之隱四年，則未有釋，故范注之，《補注》復明范《注》之所出，此有助於全傳之會通，亦足補《穀梁》之簡略。

2. 桓十年：「冬十有二月丙午，齊侯、衛侯、鄭伯，來戰于郎。」

   范《注》：「結日列陣則日，傳例曰：『不日，疑戰也。』」

   《補注》：「《注》引例在莊十年傳。」

[註1]《春秋穀梁傳注疏》，《四庫提要》云：「〈自序〉有『商略名例』之句，《疏》稱甯別有略例百餘條，此本不載，然《注》中時有『傳例曰』字，或士勛割裂其文，散入注疏中歟？」（卷二十六，〈經部・春秋類一〉）而范氏《別例》楊《疏》曾引用之，如僖十五年：「晉侯及秦伯戰于韓，獲晉侯。」楊《疏》云：「范《別例》云：『凡書獲有七，謂莒挐一也，晉侯二也，華元三也，蔡公子濕四也，陳夏齧五也，齊國書六也，麟七也。』」又《隋志》載《范甯集解》十二卷外，另有「《春秋穀梁傳例》一卷」，見《隋書》卷三十二。

連堂案：莊十年：「公敗宋師于乘丘。」傳曰：「不日，疑戰也。」

3. 僖元年：「公子友帥師敗莒于麗，獲莒挐。」

范《注》：「傳例曰：『獲者，不與之辭。』」

《補注》：「《注》引例在宣二年傳。」

二、指明以傳注傳

范有引他處傳文以注傳者，《補注》指明之。

1. 文元年：「公孫敖會晉侯于戚。」

范《注》：「禮，卿不得會公侯，《春秋》尊魯，內卿大夫可以會外諸侯。」

《補注》：「《注》末句即下年盟垂斂傳文，又加一『卿』字，其實傳之大夫即卿也。」

連堂案：文二年傳：「內大夫可以會外諸侯。」此范氏引傳以注傳，而《補注》指明之，並謂加「卿」字之多餘。

2. 昭十九年：「夏五月戊辰，許世子止弒其君買。」

傳曰：「日弒，正卒也。」

范《注》：「止弒而日，知其不弒；止不弒，則買正卒也。」

《補注》：「《注》倒下傳文以明意。」

連堂案：傳原作：「日弒，正卒也；正卒，則止不弒也。」傳以「正卒，則止不弒」，范以「止不弒，則買正卒」，故《補注》明其倒傳文以明意。

三、指明本諸《左氏》傳注

范注《穀梁》，其徵引《左氏》《公羊》二傳，及杜預、何休注者獨多，此固由於《公》《穀》皆傳《春秋》而作，而《左氏》不論其是否解經，其與《春秋》之相關，則亦不待言；然究其主因，當為范注《穀梁》，兼采三傳，不主一家之態度，其《穀梁集解·序》云：

> 凡傳以通經為主，經以必當為理。夫至當無二，而三傳殊說，庸得不棄其所滯，擇善而從乎？

此范《注》廣引《左》《公》傳注之由，而經《補注》之指明，范氏之態度益見明晰，以下各舉例以明。〔註2〕

〔註2〕本節指明本諸《左氏》傳注、《公羊》傳注、群書諸儒，可參見王師熙元先生《穀梁范注發微》第二章〈范注釋《穀梁》經傳之依據〉。

（一）本諸《左傳》

1. 桓六年：「子同生」。

　　傳曰：「時日：『同乎人也。』」

　　范《注》：「時人僉曰：『齊侯之子，同於他人。』」

　　《補注》：「范解同乎人，本《左傳》徵舒似女、亦似君之意。」

　　連堂案：《左氏》宣十年傳曰：「陳靈公與孔寧、儀行父飲酒於夏氏，公謂行父曰：『徵舒似女。』對曰：『亦似君。』」此例《補注》以范《注》雖未用《左傳》原文，然本其意，以衍釋傳意，王師熙元先生所謂「未明言所出，據其意爲說者」也。〔註3〕

2. 僖三十一年：「夏四月，四卜郊，不從，乃免牲，猶三望。」

　　傳曰：「猶者，可以已之辭也。」

　　范《注》：「望，郊之細也，不郊無望可也。」

　　《補注》：「《注》二語本《左傳》。」

3. 文元年：「公孫敖會晉侯于戚。」

　　范《注》：「禮，卿不得會公侯，《春秋》尊魯，內大夫可以會外諸侯。」

　　《補注》：「《注》首句本《左氏》盟翟泉傳。彼傳曰：『在禮，卿不會公侯，會伯子男可也。』杜預曰：『大國之卿，當小國之君，故可以會伯子男。』文烝案：此《左氏》一家之言，未可用也。《注》末句即下年盟垂歛傳文。」

　　連堂案：此例《補注》指明范本《左傳》，並引《左傳》原文，及杜預之《注》，而指其爲《左氏》一家之言，此可明范氏雖兼采《左》《公》傳注，不專主一家，然仍以《穀梁》爲本。《穀梁》云：「內大夫可以會外諸侯。」知依禮，大夫不得會諸侯，此與《左傳》「禮，卿不得會公侯」合，故范《注》取之，而內大夫之所以得會者，以《春秋》魯史，故尊之，《注》所謂「《春秋》尊魯」是也；而於《左氏》「會伯子男可也」及杜預「大國之卿，當小國君」則未引用，以其不合於《穀梁》故也。

（二）本諸杜預

1. 莊十五年：「宋人、齊人、邾人伐郳。」

　　范《注》：「宋主兵，故序齊上也。班序上下，以國大小爲次，夷狄在下；征伐

〔註3〕《穀梁范注發微》第二章第三節，分析范《注》本《左氏》未明言所出，而據《左氏》意爲說者計二十五條。頁284，嘉新文化基金會研究論文第二七〇種，64年9月出版。

則以主兵爲先，《春秋》之常也，他皆放此。」

《補注》：「《注》首二句本杜預。『班序』以下，則下年夏伐鄭下注也。杜無『夷狄在下』句，宜刪四字。」

連堂案：此《補注》指明范氏本杜預此經及莊十六年夏伐鄭兩處注文，並謂杜無「夷狄在下」四字，宜刪去。子勤宜刪四字之說，未見其當。范《注》雖本杜預，然於杜未備處，增以己見，未爲不可。范以班序上下，夷狄在下，此確爲《春秋》之常例，且著以「他皆放此」，明此非專釋此文，乃通釋全經，增以「夷狄在下」，更見周全謹嚴，子勤拘執杜預原文，謂范《注》宜刪之說，竊以爲未當。

2. 閔二年：「吉禘于莊公。」

范《注》：「三年喪畢，致新死者之主於廟，廟之遠主當遷入大祖之廟，因是大祭，以審昭穆，謂之禘。莊公喪制未闋，時別立廟，廟成而吉祭，又不於大廟，故詳書以示譏。」

《補注》：「此本杜預，唯第四句『大祖之廟』四字，元文作『祧』一字。依〈聘禮注〉，諸侯大祖廟爲祧，遷主所在之名也。」

連堂案：此《補注》指明范本杜預以明禮制，並指其小異，再舉〈聘禮注〉以補明范《注》與杜預乃名異而實同。

3. 成八年：「宋公使公孫壽來納幣。」

范《注》：「婚禮不稱主人，宋公無主婚者，自命之，故稱使。」

《補注》：「紀履緰來逆女不稱使者，譏不親迎，傳有明文。今此納幣，本卿之事，稱使自是常文。此注本杜預，而杜本《公羊》，顯與傳違，宜刪去婚禮四句。」

連堂案：杜預云：「宋公無主昏者，自命之，故稱使也。」《公羊》曰：「婚禮不稱主人。然則曷稱？稱諸父兄師友。宋公使公孫壽來納幣，則其稱主人何？辭窮也。辭窮者何？無母也。」（隱二年）何休《注》：「禮，有母，母當命諸父兄師友，稱諸父兄師友以行，宋公無母，莫使命之，辭窮，故自命之，則不得不稱使。」可知范《注》「宋公」以下本杜預，而杜預又本《公羊》傳注。《補注》指明范《注》之根據，又辨析《公羊》傳注及杜預之說，與傳相違，而謂納幣本爲卿之事，稱使乃是常文，並無特異之筆，非如《公羊》、杜預之說。

4. 定五年：「歸粟于蔡。」

范《注》：「蔡侯比年在楚，又爲楚所圍〔註4〕，譏，故諸侯歸之粟。」

〔註 4〕「圍」，范《注》原作「伐」，子勤蓋依杜預而改。王師熙元先生《穀梁范注發微》

《補注》：「此本杜預，杜無『侯比』以下六字，當刪之。末句杜作『魯歸』，杜誤也。」

連堂案：杜預云：「蔡爲楚所圍，飢乏，故魯歸之粟。」此《補注》明范《注》引杜預史實以爲注，又據《穀梁》指杜氏之誤。《穀梁》此傳云：「諸侯無粟，諸侯相歸粟，正也；孰歸之？諸侯也。」是《穀梁》明言諸侯歸之，故子勤以杜預「魯歸」爲誤，知范雖本杜，而仍從傳不從杜。

5. 隱三年：「宋公和卒。」

范《注》：「天子曰崩，諸侯曰薨，大夫曰卒，周之制也。《春秋》所稱，曲存魯史之義，內稱公而書薨，所以自尊其君，則不得不略外諸侯書卒，以自異也。至於既葬，雖邾許子男之君，皆稱謚而言公，各順臣子之辭，兩通其義。」

《補注》：「《注》『天子曰崩』十四句，本杜預」《釋例》。……《釋例》言『葬稱謚而言公，順臣子之辭』者，生有五等，沒則壹，申其臣民之稱。《公羊》言『葬從主人』是也。」

連堂案：范所本見《春秋釋例》卷三〈崩薨卒例〉。子勤又申以諸侯生雖有公侯伯子男五等，而死皆稱公無別〔註5〕，並引《公羊》「葬從主人」之說，以爲補證。又此例范本《釋例》，非本杜《注》，附於此。

四、指明本諸《公羊》傳注

（一）本諸《公羊》

1. 隱三年傳曰：「尹氏者何？天子之大夫也。」

范《注》：「不書官名，疑其譏世卿。」

《補注》：「案：譏世卿者，《公羊》之義，傳無是意也。」

連堂案：此《補注》指明范本《公羊》，並明其不合於傳義也。

2. 莊元年傳曰：「君躬弒於齊，使之主婚姻，與齊爲禮，其義固不可受也。」

范《注》：「禮，尊卑不敵，天子嫁女於諸侯，必使同姓諸侯主之。」

《補注》：「《注》天子嫁女二句，本《公羊》也。」

3. 僖十六年傳曰：「六鶂退飛過宋都，先數，聚辭也，目治也。」

范《注》：「六鶂退飛，記見也。視之則六，察之則鶂，徐而察之則退飛。」

第二章第二節：「四年楚人圍蔡，范言爲楚所伐，當依杜預作圍。」頁327。

〔註5〕生有五等，死皆稱公，如衛爲侯爵，隱五年書「葬衛桓公」，又如鄭爲伯爵，桓十一年書「葬鄭莊公」等是。

《補注》：「先後耳目之義，與《公羊》同，故《注》全用《公羊》語。」

（二）本諸何休

1. 文二年傳曰：「祫祭者，毀廟之主，陳于大祖，未毀廟之主皆升，合祭于大祖。」

   范《注》：「祫祭者，皆合祭諸廟已毀未毀者之主於大祖廟中，以昭繆爲次序，父爲昭，子爲繆，昭南鄉，繆北鄉，孫從王父坐也。祭畢則復還其廟。」

   《補注》：「此約何休《注》文。何休曰：『大祖，周公之廟，陳者，就陳列大祖前。大祖東鄉，昭南鄉，穆北鄉，其餘從王父。父曰昭，子曰穆。昭取其鄉明，穆取其北面尚敬，自外來曰升。』」

   連堂案：此指明范本何休而約其文，並引何休原文以對。

2. 文六年：「閏月，不告月，猶朝于廟。」

   范《注》：「禮，天子以十二月朔政，班告於諸侯，諸侯受於禰廟，孝子尊事先君，不敢自專也。言朝者，緣生以事死，親存朝朝莫夕，不敢泄鬼神，故事畢，感月始而朝之。」

   《補注》：「此注自『孝子』以下，皆本何休。」

   連堂案：《補注》以《注》本何休是。惟謂「孝子」以下，其說未盡，實則此注全本何休。何休云：「禮，諸侯受十二月朔政于天子，藏於大祖廟，……受於廟者，孝子歸美先君，不敢自專也。言朝者，緣生以事死，親在，朝朝莫夕，已死，不敢渫鬼神，故事必於朔者，感月始生而朝。」

3. 哀元年傳曰：「我以十二月下辛卜正月上辛，如不從，則以正月下辛卜二月上辛，如不從，則以二月下辛卜三月上辛，如不從，則不郊矣。」

   范《注》：「郊必用上辛者，取其新潔莫先也。」

   《補注》：「何休說《公羊》，以爲正月者歲首，上辛猶始新，皆取其首先之意，范略本之。」

五、指明取諸群書

注釋經傳，貴在會通，故范於《左》《公》傳注外，亦能博取群書諸儒以爲注，其未明引者，《補注》輒指明之。

1. 桓七年：「穀伯綏來朝。鄧侯吳離來朝。」

   傳曰：「其名何也？失國也。」

   范《注》：「禮諸侯不生名，失地則名。」

《補注》：「《注》用〈曲禮〉文。」

連堂案：《禮記‧曲禮下》曰：「天子不言出，諸侯不生名，君子不親惡，諸侯失地名，滅同姓名。」知范《注》取諸〈曲禮〉。

2. 莊元年傳曰：「單伯者何？吾大夫之命乎天子者也。」

范《注》：「諸侯歲貢士于天子，天子親命之，使還其國為大夫者。」

《補注》：「〈射義〉言：『古者天子之制，諸侯歲貢士于天子。』故范云爾。」

連堂案：此《補注》引《禮記‧射義》文，以明范《注》所本。

3. 僖三十一年：「夏四月，四卜郊。」

范《注》：「周公薨，成王以王禮葬之，命魯使郊，以彰周公之德，祭蒼帝靈威，仰昊天上帝，魯不祭。」

《補注》：「周公薨云云者，今文《尚書‧金縢》說也。」

六、指明取諸諸儒

范《注》本諸儒之說者，以明引某人說為多，如「劉向曰」「何休曰」是，其用諸儒之說，而未明引某人者，《補注》亦或指明之。

1. 莊二十二年傳曰：「禮有納采。」

范《注》：「采擇女之德性也，其禮用鴈為贄者，取順陰陽往來。」

《補注》：「婚禮納采、問名、納吉、請期、親迎，皆用鴈。《注》本鄭君說也。」

2. 僖二十九年：「大雨雹。」

范《注》：「雹者，陰脅陽，臣侵君之象。陽氣之在水，雨則溫熱，陰氣薄而脅之，不相入，轉而成雹。」

《補注》：「此本劉向也。《漢書‧五行志》：『劉以為盛陽雨水溫暖而湯熱，陰氣脅之，不相入，則轉而為雹。』」

3. 宣八年：「葬我小君頃熊。」

范《注》：「文夫人姜氏大歸於齊，故宣公立己妾母為夫人，君以夫人禮卒葬之，故主書者不得不以為夫人。」

《補注》：「《注》首二語本鄭君《駁異義》說，見《通典》。」

連堂案：鄭君說見《通典》卷七十二〈諸侯崇所生母議〉所引。

第二節　文詞訓釋之證補

一、文字訓詁之證補

　　王念孫〈說文解字注序〉云：「訓詁聲音明而小學明，小學明而經學明。」文字訓詁於義理闡明之重要可知。范注《穀梁》，於訓詁之道，亦多可觀〔註6〕，然或有簡略未盡之處，《補注》往往引字書、古注，以明其為本義，為引申義，為假借義，或古今字，間亦闡釋訓詁之理。

（一）明范以本字還原假借字

1. 隱元年傳曰：「《春秋》貴義而不貴惠，信道而不信邪。」

　　范《注》：「信，申字，古今所共用。」

　　《補注》：「鄭君〈士相見禮注〉曰：『古文伸作信。』〈儒行注〉曰：『信讀如屈伸之伸，假借字也。』韋昭《國語注》曰：『信，古申字。』」

　　連堂案：此《補注》引古注以明范《注》「信，申字」，乃將假借還原為本字之訓解。段注《說文》「信」字下云：「古多以為屈伸之伸。」「伸」字下云：「伸，古經傳皆作『信』，《周易》：『詘信相感而利生焉。』又：『尺蠖之詘以求信也。』又：『引而信之』，韋昭《漢書音義》云：『信，古申字，謂古文假借字。』」又云：「宋毛晃曰：『古惟申字，後加立人以別之。』」知申為本字，信為申之假借，而伸則為後起字。

2. 定十五年：「日下稷，乃克葬。」

　　范《注》：「稷，昃也。」

　　《補注》：「稷即昃字，於六書為假借。」

　　連堂案：此《補注》明指稷為昃之假借字，知范乃以本字注假借字。王師熙元先生曰：「《說文·禾部》：『稷，齋也，五穀之長。』段《注》：『亦假為昃字，如《穀梁》日昃作日稷是也。』……是昃正字，稷借字，范以正字訓借字也。稷從畟聲，篆作昃，從仄聲，並屬段氏第一部，黃氏德部，二字音近，故相通假。」〔註7〕

（二）還原本字，補范《注》之不破字解經

　　范《注》於《穀梁》經傳假借字之訓詁，或先求其本字而後訓之，如成元年傳曰：「齊使禿者御禿者。」范《注》：「御，音迓；迓，迎也。」是范先將假借字「御」，還原為本字之「迓」，而後釋之。然亦有不出本字而直釋之者，《補注》或明其本字

〔註6〕參見王師熙元先生《穀梁范注發微》第三章〈范《注》對《穀梁》經傳之訓詁〉。

〔註7〕《穀梁范注發微》頁350。「　篆作昃，從仄聲」當作「昃篆作仄，從反聲」。

以證補之。

1. 僖十四年傳曰：「林屬於山為鹿。」

   范《注》：「鹿，山足。」

   《補注》：「鹿之正字作麓，古文作𣛎。叢木生平土曰林，生山足曰麓。」

   連堂案：《說文》段《注》「麓」字下云：「蓋凡山足皆得稱麓也，亦假借作鹿。」范以山足釋鹿，則范知「鹿」為「麓」之假借，惟未還原之。《補注》則明指「鹿之正字作麓」，先將鹿還原為本字之麓，而後釋之，以證補范《注》，所謂破字解經也。〔註8〕又「古文作𣛎」見《說文》。

2. 文十一年傳曰：「弟兄三人，佚害中國。」

   范《注》：「佚，猶更也。」

   《補注》：「佚即迭字，故訓更。《孟子》：『迭為賓主』，張鎰所見本或作『佚』。宋本《大戴禮·禮三本》：『情文佚興』，元本作『迭』」。

   連堂案：《說文》：「佚，佚民也；迭，更迭也。」范以更訓佚，是知「佚」即「迭」之假借，然未明言，而直為之釋。《補注》以「佚即迭字」，指明佚為迭之假借字，並引《孟子》及《大戴禮》，明古書常假佚為迭，以補范《注》直釋之簡略。

（三）申明范《注》反訓之由

1. 定十二年傳曰：「何以致？危之也。何危爾？邊乎齊也。」

   范《注》：「邊謂相接。」

   《補注》：「《爾雅》：『邊，垂也。』與疆、界、衛、圉同訓。《說文》曰：『垂，遠邊也。』《國語》曰：『思邊垂之小怨。』〈玉藻〉：『邊邑。』鄭君曰：『謂九州之外。』是邊之言遠也。遠乎此則近乎彼，故轉其義而為近。《史記·高祖本紀》：『齊邊楚。』文穎曰：『邊，近也。』是即范《注》相接之訓，猶云瀕河傍海也。」

   連堂案：林尹先生以「義本相因，引申之始相反者」，為反訓起因之一，並舉王念孫《廣雅疏證》為說：「《廣雅》：『祈、乞、匃，求也。』又『假、貸，借也。』又『斂、匃、貸、稟、乞，與也。』王念孫曰：『斂為欲而又為與，乞匃為求而

〔註8〕注經者破除經中所用假借字而讀以本字曰破字。《詩·魯頌·泮水》：「狄彼東南。」鄭《箋》：「狄當作剔，剔，治也。」《正義》：「毛無破字之理。〈瞻卬傳〉以狄為遠，則此狄亦為遠。」《毛詩正義》，頁769，藝文，70年1月八版。又王引之《經義述聞·自序》云：「訓詁之旨，存乎聲音，字之聲同聲近者，經傳往往假借，學者以聲求義，破其假借之字，而讀以本字，則渙然冰釋。」頁1，中華四部備要，59年9月台二版。

又爲與，貸爲借而又爲與，稟爲受而又爲與，義有相反而實相因者，皆此類也。』」
〔註9〕而此例之邊爲「遠」而又爲「近」者，正是此類，《補注》所謂「遠乎此則近乎彼，故轉其義而爲近」，亦即「義本相因，引申之始相反」之反訓也。

（四）范注經傳，《補注》疏之

《補注》有以范《注》簡略，復就范《注》而疏釋之者。

1. 隱元年傳曰：「公何以不言即位？成公志也。焉成之？言君之不取爲公也。」
   范《注》：「公，君也，上言君，下言公，互辭。」
   《補注》：「君公雖是互辭，而公字是經書即位之文，故必出於下。」
   連堂案：此例疏解范《注》君公互辭之說，謂兩者雖爲互辭，然公爲經書即位之用辭，故可云「君之不取爲公」，而不得云「公之不取爲君」，此說足見子勤於文辭之析理入微。

2. 桓元年傳曰：「繼故不言即位，正也。」
   范《注》：「故，謂弒也。」
   《補注》：「弒者故之實，非故之訓。」
   連堂案：《補注》疏解范《注》「故，謂弒也」乃謂故指弒君之事，而非謂故之字義訓爲弒也。

3. 宣十五年傳曰：「私田稼不善則非吏。」
   范《注》：「吏，田畯也。」
   《補注》：「田畯者，《爾雅》曰：『農夫也。』《毛詩傳》曰：『田大夫也。』」
   連堂案：此范以田畯注吏，《補注》復舉《爾雅》、《毛傳》以疏解田畯。邢昺《爾雅疏》云：「田畯，一曰農夫。孫炎曰：『農夫，田官也。』皆謂主田大夫也。」
   （卷三）

4. 定十一年：「宋公之弟辰暨宋仲佗、石彄出奔陳。」
   范《注》：「辰爲佗所強，故曰暨。」
   《補注》：「傳例曰：『以外及內曰暨。』言暨則以佗、彄爲主。」
   連堂案：此例《補注》舉暨於《穀梁》之定義，以申明范謂「辰爲佗所強故曰暨」之由。其所引傳例在昭七年傳：「暨者不得已也，以外及內曰暨。」以此定義言之，暨之含義，除《補注》所引「以外及內」外，尚有「不得已」之義，以謂辰之出奔乃爲佗、彄所強，是不得已也。

〔註9〕《訓詁學概要》，頁170，正中，68年9月，台六版。

二、名氏稱謂之證補

《春秋》紀人，或稱名，或稱字，或稱爵，或稱人，或進而稱子，或退而不名，其書法不同，義亦有別，而褒貶進黜亦由是而顯。范注《穀梁》，於此義例，亦多所發明，《補注》則往往爲之補充申明，於范《注》不當之處，亦時糾其誤謬，使《春秋》之微言寓義得以彰顯。

1. 隱二年：「公會戎于潛。」

   范《注》：「南蠻北狄，東夷西戎，皆氏羌之別種。」

   《補注》：「《注》南蠻二句本杜預。杜元文曰：『戎狄夷蠻，皆氏羌之別種也，皆謂居中國，若戎子駒支者。』杜此言甚當。凡《春秋》之戎狄夷蠻，皆在〈禹貢〉、〈職方〉九州之內，非《爾雅》所云九夷、八狄、七戎、六蠻謂之四海者也。」

   連堂案：《爾雅·釋地》亦有九州，與〈禹貢〉、〈職方〉相類〔註10〕，而〈釋地〉復有四極、四荒與四海者。郭注四極曰：「皆四方極遠之國。」注四荒曰：「次四極者。」注四海曰：「次四荒者。」知皆九州之外，四方極遠之國也，故《補注》別之。

2. 隱三年：「天王崩。」

   傳曰：「其不名何也？大上故不名也。」

   范《注》：「夫名者，所以相別爾，居人之大，在民之上，故無所名。」

   《補注》：「天下一人，故不必名，又不敢斥名。」

   連堂案：此范《注》以名氏之用在相別，而天王居萬民之上，故無所名。《補注》則以天王乃天下一人，無相別之必要，故不以名稱，又以其居人之大，在民之上，爲民所尊仰，故不敢直斥其名，以申范氏之意。

3. 隱三年傳曰：「武氏子者何也？天子之大夫也。天子之大夫其稱武氏子何也？未畢喪，孤未爵。」

   范《注》：「平王之喪在殯。」

   《補注》：「孤謂新君。未爵者，未爵命。《公羊》曰：『父卒，子未命。』謂武氏子之父已沒，亦新嗣爲大夫，而新君未爵命之也。未爵命，不得稱其字，故稱武氏子也。」

〔註10〕 〈禹貢〉九州爲冀克青徐揚荊豫梁雍，〈職方〉九州有幽并，無徐梁，《爾雅》九州有幽營，無青梁，實者其異或因時代而有分合，或異名而同實，並無大出入，當現今之華北華中之地，杜預所謂中國者也。

連堂案：文元年：「天王使叔服來會葬。」范《注》：「傳例曰：『天子大夫稱字。』」
此武氏子爲天子大夫，例稱字，然以其未爵命，故稱子不稱字。

4. 桓十一年：「柔會宋公、陳侯、蔡叔盟于折。」

范《注》：「蔡叔，蔡大夫名。未命，故不氏。」

《補注》：「范解蔡叔，依杜預爲名，又申之，非也。凡內之不氏者，或不命，
或未命，實皆爲卿，傳謂之大夫。而外自小國、夷狄以外，其直以國氏者，雖
與內之不氏相當，其實皆非卿，傳謂之卑者，皆與其稱人之文不異，特以不可
不目言其人，故稱名而不稱人。此蔡叔若是卑者，則盟事本無須目言，宜稱蔡
人，若如范意，以爲未命之卿，則恐史於外卿，未暇細別，傳所不言，何得以
柔相擬？且未命之卿，絕少之事，叔之爲名，又未見必然。蔡叔與許叔、蔡季、
紀季同例，當依陸淳、孫復爲蔡侯之弟，蔡季之兄，經若言『蔡侯之弟某』，則
於文不便，故特稱字。傳後言『蔡季，蔡之貴者』，舉季則可見叔，故此不言也。」

連堂案：此例《補注》以范解蔡叔爲未命之大夫爲非，並辨其當爲蔡侯之弟，
經不稱「蔡侯之弟某」者，於文不便也，其說當是。

5. 僖二十八年：「晉侯入曹，執曹伯，畀宋人。」

傳曰：「畀，與也。其曰人何也？不以晉侯畀宋公也。」

范《注》：「畀，上與下之辭，故不以侯畀公。」

《補注》：「此猶桓三年不以齊侯命衛侯也。人者眾辭，故不嫌也。」

連堂案：此《補注》以桓三年之齊侯、衛侯同爲侯爵，不得相命，以類比晉侯
之不得畀宋公，又明人爲眾辭，書「畀宋人」則不嫌有下與上之不合尊卑情事。

三、名物說解之證補

《穀梁》解經，以義爲主。《補注》所謂「文足以明義斯已矣」（莊三十二年），
故全傳之及於宮器草木蟲魚等名物者不多，然此等器物，或爲禮俗之具，或有特定
之象徵，苟不能明，則於經義或未能盡，或終有所隔，故《補注》於范《注》之已
及者，不煩多所引證以爲補釋，於未及者，亦能詳爲說解。

1. 僖四年傳曰：「昭王南征不反，菁茅之貢不至，故周室不祭。」

范《注》：「菁茅，香草，所以縮酒，楚之職貢。」

《補注》：「鄭君曰：『菁茅，茅之有毛刺者。』……《史記·封禪書》：『管仲謂
桓公：「江淮之間，一茅三脊，所以爲藉也。」』《水經注》引《晉書·地理志》
云：『泉陵縣有香茅，氣甚芳香，古貢之以縮酒。』二者其此茅乎？」

2. 僖三十三年：「李梅實。」

傳曰：「實之爲言猶實也。」

范《注》：「實，子。」

《補注》：「《注》解上實字也。李梅子中有核人，於植物中屬薂物也。下實字是名實、虛實之實，與孫字同意。」

連堂案：此《補注》明范《注》所解者，乃傳之上實字，並疏解范《注》，而於范未注之下實字，則補注之。其「與孫字同意」者，謂此傳「實之爲言猶實也」，與莊元年、閔二年、昭二十五年傳之「孫之爲言猶孫也」爲同類。兩實字，兩孫字，義有別而相近。莊元年之《補注》云：「言猶者義相近，孫遁之孫，義近子孫之孫也。《爾雅》：『子之子爲孫。』郭璞曰：『孫猶後也。』」是有別而相近。

3. 昭二十五年：「有鸜鵒來巢。」

傳曰：「鸜鵒穴者，而曰巢，或曰增之也。」

范《注》：「加增言巢爾，其實不巢也。」

《補注》：「據《運斗樞》言，鸜鵒來巢於榆，榆木之上，不爲穴而爲巢，眾人所見，聖人所知，故足成之也。……《公羊》曰：『宜穴又巢。』文烝妻沈印齡，在郡城東，恒見鸜鵒穴于薔薐木，其近地多榆。」

連堂案：此引《運斗樞》，引《公羊》，更以生活之實際經驗以注鸜鵒之習性也。

四、文意說解之證補

范注經傳，有言其然，而未言其所以然者，《補注》或申明其原因，或闡釋其所以然之理；有舉證以明而未盡者，《補注》則備舉之，各舉例以明。

（一）申明原因

1. 昭三十一年：「春王正月，公在乾侯。季孫意如會晉荀櫟于適歷。」「夏四月，晉侯使荀櫟唁公于乾侯。」

傳曰：「唁公不得入於魯也。曰：既爲君言之矣，不可者意如也。」

范《注》：「言己已告魯求納君，唯意如不肯。」

《補注》：「上言意如會櫟，此言櫟唁，知是意如不肯納君明矣。」

連堂案：時昭公在乾侯，不得歸魯，范直依傳意謂「意如不肯」，《補注》則申明「意如不肯」之說，乃由上言「意如會櫟」，此言「櫟唁公」推而得之。是傳注惟言其然，而《補注》明其所以然之由，而傳注之理意乃明朗暢達。

（二）闡釋所以然之理

1. 隱十一年傳曰：「其不言葬何也？君弑，賊不討，不書葬，以罪下也。」

    范《注》：「責臣子也。」

    《補注》：「《公羊》曰：『以爲無臣子也。』又曰：『子沈子曰：「葬，生者之事也。《春秋》，君弑賊不討，不書葬，以爲不繫乎臣子也。」』」

    連堂案：范《注》「責臣子」之說，有斷無案，過於簡略，《補注》引《公羊》說，以明不葬所以責臣子之理也。

（三）舉證補備

1. 成十六年：「曹伯歸自京師。」

    傳曰：「不言所歸，歸之善者也。……歸爲善，自某歸次之。」

    范《注》：（連堂案：於「歸爲善」下）「謂直言歸，而不言其國，即曹伯歸自京師，不言于曹是。」

    《補注》：「此亦兼包鄭世子忽復歸于鄭，曹伯襄復歸于曹，衛侯鄭歸于衛，言所歸，不言自某。」

    連堂案：范於「自某歸次之」下注云：「若蔡季自陳歸于蔡，衛侯鄭自楚復歸于衛是。」《補注》云：「言自某又言所歸也。」知前所謂「歸爲善」者，含單言「自某歸」及單言「歸于某」者兩類，而范舉「曹伯歸自京師」者，屬單言「自某歸」之類，而《補注》復舉「鄭世子復歸于鄭」等「歸于某」之類補之，而傳義乃備。

第三節　禮制說釋之證補

　　禮者所以定名分，分定而人人得各守其職，各盡其分，且得免於爭亂，故古代爲別政治上、倫常上之貴賤尊卑，設有一繁複細密之禮制，然此禮制有其時代性，往往代有因革，故雖古籍備載，然眾說紛出，莫衷一是。惟苟不究明之，則何者循禮？何者悖禮？無以爲斷，而是非莫辨，名分難分，故《補注》於范說未盡處，時詳加徵引，而善加取抉，茲舉例以明。

1. 桓八年，「春正月己卯，烝。」

    傳曰：「烝，冬事也。」

    范《注》：「春祭曰祠，薦尚韭卵；夏祭曰礿，薦尚麥魚；秋祭曰嘗，薦尚黍肫；冬祭曰烝，薦尚稻鴈。無牲而祭曰薦，薦而加牲曰祭，禮各異也。」

《補注》：「《詩・小雅》曰：『禴祠烝嘗，于公先王。』此周四時祭名，《周禮》、《公羊》、《爾雅》皆同。范《注》約何休《注》文，何休又曰：『祠，猶食也，猶繼嗣也，春物始生，孝子思親繼嗣而食之，故曰祠，因以別死生。麥始熟可汋，故曰禴。嘗者，先辭也，秋穀成者非一，黍先熟，可得薦，故曰嘗。烝，眾也，氣盛貌。冬萬物畢成，所薦眾多，芬芳備具，故曰烝。』董仲舒曰：『祠者，以正月始食韭也；禴者，以四月食麥也；嘗者，以七月嘗黍稷也；烝者，以十月進初稻也。』又曰：『春上豆實，夏上尊實，秋上杭實，冬上敦實；豆食韭也，尊實醴也，杭實黍也，敦實稻也。始生故曰祠，善其司也；夏禴故曰禴，貴所受初也；先成故曰嘗，嘗言甘也；畢熟故曰烝，烝言眾也。』董生大恉與何氏同，此古義也。烝嘗二字，其本義皆非祭，乃用其引申之義，蓋其由來久也。」

連堂案：此《補注》指范《注》乃約何休《注》文，並引范所未引者，及董仲舒之說，以明祠、禴、嘗、烝四時祭名之由來。

2. 莊三十二年：「公薨于路寢。」

傳曰：「路寢，正寢也，寢疾居正寢，正也。」

范《注》：「公薨皆書其所，謹凶變。」

《補注》：「平時恆寢於燕寢，或夫人之寢。《詩》言『與子同夢』是也。疾則移居正寢，此是正禮，自天子通於士。」

連堂案：公夫人其平時寢處，疾時寢處，皆有定所，此儀節禮制所規範者也。合者順禮，違者悖體，《春秋》時辨明之。僖三十三年：「公薨于小寢。」傳曰：「小寢，非正也。」范《注》：「小寢，內寢，非路寢。」《補注》云：「《左傳》曰：『即安也。』服虔曰：『小寢，夫人寢也，譏其近女室。』杜亦曰：『夫人寢也，譏公就所安，不終於路寢。』」故傳以薨于路寢為正，薨于小寢為非正。夫人亦然，隱二年：「夫人子氏薨。」傳曰：「夫人薨不地。」范《注》：「夫人無出竟之事，薨有常處。」《補注》云：「常處者，小寢也。」是皆有其定所也。

3. 文四年：「逆婦姜于齊。」

傳曰：「其曰婦姜，為其成禮乎齊也。」

范《注》：「婦禮成于齊，故在齊便稱婦。」

《補注》：「婦者已配之稱，謂成昏也。禮大夫以上，不問舅姑在否，皆至三月見宗廟，然後成婦禮。劉向《列女》〈宋恭伯姬〉、〈齊孝孟姬傳〉皆有是言。賈、

服、何氏說《春秋》並同。〈曾子問〉曰：『女未廟見而死，歸葬於女氏之黨，未成婦也。』」

連堂案：此例《補注》引眾說，明成婦之體制，而《春秋》書「婦姜」者，以其不順禮，有譏貶之義，傳所謂「非成禮於齊也」。

第四節　史實徵引之證補

《春秋》之旨要，非所記之事，非所記之文，而在其事其文所寄託之義，孟子所謂「其事則齊桓晉文，其文則史，孔子曰：『其義則丘竊取之也』。」（〈離婁下〉）惟《春秋》者，原為史書，孔子之寄託，乃因事以明義，而非隱沒史事，竄改史文而別出義理，故苟不明史實，而曲為解說，則於理雖辯，亦恐非《春秋》原義。《補注》中有補范《注》史實徵引者，亦舉例以證。

1. 僖二十三年：「齊侯伐宋圍閔。」

   傳曰：「伐國不言圍邑，此其言圍何也？不正其以惡報惡也。」

   范《注》：「前十八年，宋伐齊之喪，是惡也。今齊乘勝而報，是以惡報惡也。」

   《補注》：「胡銓、趙鵬飛、家鉉翁並謂齊孝公以怨報德，此似是而非也。宋伐齊喪，立孝公，自一人言之，則以立我為德，自一國言之，則以伐喪為惡，《春秋》貴義而不貴惠，故當以惡論。」

   連堂案：此《補注》以立齊孝公之史實，以辨明宋於齊之德與惡。《左傳》：「僖十七年冬十月乙亥，齊桓公卒。易牙入，與寺人貂因內寵以殺群吏，而立公子無虧，孝公奔宋。」又云：「十八年春，宋襄公以諸侯伐齊，三月，齊人殺無虧，……齊人將立孝公，不勝四公子之徒，遂與宋人戰，夏五月，宋敗齊師于甗，立孝公而還。」是就齊孝一人言之，是德也；就一國言之，則宋伐齊喪，是為惡也。今孝公以國君之位，是代一國而報之，不得以「以怨報德」責之，仍當如傳之「以惡報惡」。

2. 文十六年：「季孫行父會齊侯于陽穀，齊侯弗及盟。」

   傳曰：「弗及者，內辭也，行父失命矣，齊得內辭也。」

   范《注》：「行父出會失辭，義無可納，故齊侯以正道拒而弗受，不盟由齊，故得內辭。」

   《補注》：「《注》非也，行父之會，《左傳》以為公使請盟，齊侯不肯，則行父為失命矣；行父非別有失命之事，齊不肯盟，即是失命。」

連堂案：此《補注》據《左傳》所載史實，以駁范《注》「行父失辭」之說。

3. 成八年：「晉侯使韓穿來言汶陽之田，歸之于齊。」

傳曰：「于齊，緩辭也，不使盡我也。」

范《注》：「若曰為之請歸，不使晉制命于我。」

《補注》：「盡者，唯其所命也，七年之中，一與一奪，晉之盡我，乃我之恥，故為緩辭，婉其文不使盡。」

連堂案：汶陽原為魯地，為齊所侵沒，後晉繼為霸主，於成公二年使齊歸汶陽之田於魯，至八年，又命歸於齊，此范《注》所謂「晉制命于我」，《補注》所謂「七年之中，一與一奪」之史實，而如此之「唯其所命」，故魯以為恥。惟《春秋》者，魯人所書，以魯為主，故於魯之君臣史事特為迴護，善者揚之，惡者諱之，故此出以緩辭，不使晉頤指氣使也。

第五節　地名考釋之證補

《補注》云：「范《注》諸說地名皆本杜預。」（隱元年）《補注》說是也。范注地名，絕大多數皆同杜預，其異於杜者，或范未考知杜之注處，或不明杜《注》，因而誤注，或杜《注》誤，范氏不從，或杜《注》與《穀梁》異，范從傳不從杜，《補注》中於兩者之異，及范《注》誤者，輒正定之，茲論證如次。

一、范同杜預

1. 隱元年：「公及邾儀父盟于眛。」

范《注》：「眛，魯地。」

《補注》：「范《注》諸說地名皆本杜預。」

連堂案：《補注》之說是。此例杜預《注》：「蔑（連堂案：眛，《左傳》作蔑），姑蔑，魯地。」即依杜預，且范注地名，絕大多數，皆如此例。又如襄二十五年：「衛侯入于夷儀。」杜《注》：「夷儀本邢地，衛滅邢，而為衛邑。」范《注》除「邑」作「地」外，全同杜《注》，而依范注地名之例，當僅注「夷儀，衛地」，或「夷儀，邢地」，而不明其因革，其明之者，本杜故也。又杜預於地名注「地闕」者，范亦同之，或注以「地名」，如桓十一年：「盟于惡曹。」杜《注》：「惡曹，地闕。」范《注》同。定三年：「盟于拔。」杜《注》：「拔，地闕。」范《注》：「拔，地名。」又杜於地名未有注者，范亦不注，例僖二十一年：「盟于薄。」

杜未注，范亦然。

二、范異杜預

（一）該地先後所屬不同

1. 昭二十五年：「公孫于齊，次于陽州。」

　　范《注》：「陽州，齊竟上之地。」

　　《補注》：「《注》本杜預，杜云：『齊魯竟上邑。』范刪魯字。案：《左傳》襄三十一年，齊閭丘嬰帥師伐陽州，則彼時地屬魯，定八年公侵齊，門于陽州，則其後屬齊，疑是時已爲齊竟矣。」

（二）杜注於他處范氏未考

1. 宣七年：「公會晉侯、宋公、衛侯、鄭伯、曹伯于黑壤。」

　　范《注》：「黑壤，某地。」

　　《補注》：「當云晉地，即昭二十五年之黃父。」

　　連堂案：范所以不明黑壤者，以杜此經未有注，杜未有注者，其注已見前。《左傳》文十七年曰：「晉侯蒐于黃父。」杜《注》：「一名黑壤，晉地。」范氏不考，直據此經，而杜未注，故云「某地」。又《補注》之說，亦當本杜《注》。

2. 成二年：「公會楚公子嬰齊于蜀。」

　　范《注》：「蜀，某地。」

　　《補注》：「當云魯地，《左傳》甚明，杜《注》則在宣十八年傳。」

　　連堂案：《左傳》曰：「楚師侵衛，遂侵我，師于蜀。使臧孫往，辭曰：『楚遠而久，固將退矣，無功而受名，臣不敢。』」由此可推知蜀爲魯地，《補注》所謂「《左傳》甚明」者也。又《左傳》宣十八年：「楚於是乎有蜀之役。」杜《注》：「在成二年冬。蜀，魯地。」是范未詳考也。

3. 襄八年：「季孫宿會晉侯、鄭伯、齊人、宋人、衛人、邾人于邢丘。」

　　范《注》：「邢丘，地。」

　　《補注》：「當云晉地，見《左氏》宣六年傳，故此處杜無注，甚矣，范之疏也。」

　　連堂案：《左傳》宣六年曰：「赤狄伐晉，圍懷及邢丘。」杜《注》：「邢丘，今河內平皋縣。」此由《左傳》可知邢丘爲晉地，故杜未注國名，直云今之屬縣。而范未考邢丘於《左傳》，已前見於宣六年，見此經杜預未有注，故注曰「地」，而《補注》責其疏矣。

（三）杜說於《釋例》范氏未考

1. 桓二年：「蔡侯鄭伯會于鄧。」

范《注》：「鄧，某地。」

《補注》：「杜預《釋例》：蔡地也。」

連堂案：杜《注》：「潁川召陵縣西南有鄧城。」此杜《注》惟明鄧之所在，未明言其屬蔡、屬鄭，而召陵又適介於鄭、蔡之間〔註11〕，范遂不敢定。實則杜預《春秋釋例》卷六，列鄧於蔡地下，范未之考也。

2. 僖九年：「公會宰周公、齊侯、宋子、衛侯、鄭伯、許男、曹伯于葵丘。」

范《注》：「葵丘，地名。」

《補注》：「杜預《釋例》：宋地也。」

連堂案：杜《注》：「陳留外黃縣東南有葵丘。」杜未明屬國，故范不知，而《釋例》列葵丘於宋地下，見卷五。

3. 襄三年：「同盟于雞澤。」

范《注》：「雞澤，地也。」

《補注》：「當云晉地。」

連堂案：杜《注》：「雞澤在廣平曲梁縣西南。」杜未明屬國，故范不知。《補注》當本諸《釋例》，見卷六。

（四）范未考杜《注》而誤注

1. 昭元年：「取鄆。」

范《注》：「鄆，魯邑。言取者，叛戾不服。」

《補注》：「此當依《左傳》為莒邑。鄆本魯邑，後乃屬莒，莒、魯爭鄆已久，季武子救邰入鄆，未能得之，至是始取之。《公羊》曰：『運（連堂案：鄆《公羊》作運）者何？內之邑也，其言取之何？不聽也。』不聽之文與圍棘同，皆謂其叛，此范所本。但《公羊》於下『疆鄆田』云：『與莒為竟。』則亦謂其本是內邑，而叛屬莒耳。」

連堂案：此例杜注於成九年「楚入於鄆」下：「鄆，莒之別邑也。」齊召南《穀梁傳注疏考證》云：「魯有兩鄆，此鄆本莒邑，魯奪取之，非後文『公居於鄆』之鄆也。《注》直言魯邑，雖據何休之說，實非。」（卷十七）知鄆確如《補注》所云「莒、魯爭鄆已久」，而此書取，當是取外邑，如為內邑，何得言取？故當

〔註11〕程發軔先生《春秋左氏傳地名圖考》第二篇〈春秋地名今釋〉，桓公二年：「蓋鄧當蔡之北，鄭之南，正蔡鄭相會之處。」頁116，廣文，56年11月初版。

以莒邑爲是。而齊召南魯有兩郓之說亦是。杜預《釋例·土地名·魯地》云：「郓，此西郓，昭公所出居者。」（卷五）程發軔先生《春秋左氏傳地名圖考》云：「郓，杜《注》：『莒之別邑。』按即文公十二年之東郓。地原屬莒，魯強城之，地屬莒時稱莒郓，屬魯時稱東郓。」〔註12〕范蓋亦不明魯有兩郓，以爲此即昭公出居之郓致誤也。

2. 昭十八年：「許遷于白羽。」

范《注》：「白羽，許地。」

《補注》：「當云楚地。」

連堂案：杜《注》：「自葉遷也，畏鄭而樂遷，故以自遷爲文。」《左傳》曰：「遷許於析，實白羽。」杜《注》：「白羽改爲析。」杜注經傳，皆未明屬國，其未明者，已前見也。《左傳》僖二十五年：「秦人過析。」杜《注》：「析，楚邑，一名白羽。」而范未之考。程發軔先生《春秋左氏傳地名圖考》引《一統志》云：「析縣故城在河南內鄉縣西北，春秋時楚白羽地。」〔註13〕知《補注》說是，而范所以誤者，此處杜預未言屬國，而經書「許遷于白羽」乃自遷之文，自仍是許之某地，故云許地也。

3. 定十四年：「於越敗吳於檇李。」

范《注》：「檇李，吳地。」

《補注》：「當云越地。賈逵、杜預同。杜曰：『吳郡嘉興縣南醉李城。』」

連堂案：杜未言屬國。程發軔先生《春秋左氏傳地名圖考》云：「《越絕書》：『語兒鄉故越界，勾踐更檇李爲語兒鄉。』」〔註14〕明檇李實越地，范或因杜《注》「吳郡」而誤以爲吳地也。

（五）杜《注》誤范氏不從

1. 莊三十二年：「城小穀。」

范《注》：「小穀，魯邑。」

《補注》：「杜預曰：『小穀，齊邑，濟北穀城縣城中有管仲井。』范不從之，范是也。《左氏》昭十一年傳：『楚申無宇曰：「齊桓公城穀，而寘管焉。」』則是『穀』也，非『小穀』也。齊有『穀』，魯有『小穀』，孫復曰：『曲阜西北有小穀城。』」

〔註12〕見第二篇〈春秋地名今釋〉，成公九年。頁188。
〔註13〕見第二篇〈春秋地名今釋〉，昭公十八年。頁232。
〔註14〕見第二篇〈春秋地名今釋〉，定公十四年。頁255。

連堂案：杜預《釋例・土地名・齊地》云：「穀、小穀，二名，濟北穀城縣城中有管仲井。」（卷六）是杜預以「穀」、「小穀」為一。江永《春秋地理考實》云：「《彙纂》程氏迥曰：『齊地別有穀，在濟北，有管仲井，非小穀也。』今案：齊之穀，今為東河縣，見莊七年夫人姜氏會齊侯于穀，又莊二十三年公及齊侯遇于穀，僖二十八年公以楚師伐齊取穀，文十七年公及齊侯盟于穀，成五年叔孫僑如會晉荀息于穀，哀二十七年傳齊師遺穀七里，皆齊穀；若此年小穀，自是魯地。」（卷一）今復以《春秋》書法證之。《春秋》書「城某」者凡二十一〔註15〕，其中十九例為魯內邑；餘二例，一為僖二年：「城楚丘。」此為特例，《穀梁》有說：「楚丘者何？衛邑也。國而曰城，此邑也，其曰城何也？封衛也。則其不言城衛何也？衛未遷也，其不言衛之遷焉何也？不與齊侯專封也。」故如無特筆，則當書「齊侯城衛」，不與「城某」同書例矣。另一為定十五年：「城漆。」漆為邾邑，然襄二十一年：「邾庶其以漆、閭丘來奔。」是漆近於魯，此時蓋已屬魯邑。是由《春秋》書法考之，此經「城小穀」亦當為魯之內邑，范是杜非也。

2. 隱八年：「公及莒人盟于包來。」

范《注》：「包來，宋邑。」

補注：「杜預曰：『浮來，紀邑。』」

連堂案：「包來」《左氏》作「浮來」。杜《注》：「浮來，紀邑。東莞縣北有邿鄉，邿鄉西有公來山，號曰邿來間。」江永《春秋地理考實》云：「《彙纂》：『今莒州西二十里有浮來。』今按：浮來，莒邑，非紀邑。」（卷一）程發軔先生《春秋左氏傳地名圖考》云：「《水經注疏》以據《九城志》：『沂水有浮來山，見齊乘，地在莒州西北三十里。』今考軍部詳圖有浮來山，約在莒縣西北三十里。」〔註16〕此例范未依杜《注》，其因不詳，由上考之，兩者皆誤，或范以杜為誤，故不從之，然亦不得其實乎？

又案：范杜之異，《補注》有說者，有如上五類，其未及之者，尚有范直據經文，傳、杜異說從傳不從杜，及范《注》傳寫致誤三類，亦并論於此。范直據經文者如隱元年：「鄭伯克段于鄢。」范《注》：「鄢，鄭地。」杜《注》：「鄢，今潁

〔註15〕不含小穀二十一。另有諸侯城某國者，與此不同例。此類凡四：僖元年「齊師、宋師、曹師城邢」、僖十四年「諸侯城緣陵」、襄二十九年「仲孫羯會晉荀盈、齊高止、宋華定、衛世叔儀、鄭公孫段、曹人、莒人、邾人、滕人、薛人、小邾人城杞」、昭三十二年「仲孫何忌會晉韓不信、齊高張、宋仲幾、衛太叔申、鄭國參、曹人、莒人、邾人、薛人、杞人、小邾人城成周」。

〔註16〕見第二篇〈春秋地名今釋〉，隱公八年，頁112。

川鄢陵縣。」又如隱五年：「公觀魚于棠。」范《注》：「棠，魯地。」杜《注》：「今高平方與縣北有武唐亭，魯侯觀魚臺。」此兩例杜皆未出國名，而范《注》「鄭地」「魯地」者，於經文即可推知，而杜未明屬國者，以其視而可知，故此類當視同兩者不異。傳、杜異說，從傳不從杜者，如莊元年：「齊師遷紀，郱鄑郚。」范無注，而杜《注》：「齊欲滅紀，故襲其三邑之民而取其地。」是杜以郱鄑郚爲紀之三邑，然《穀梁》曰：「紀，國也；郱、鄑、郚，國也。」范不本杜預者，當因兩者異說，從傳不從杜也，此例杜有注，范無注。又如襄五年：「會吳于善稻。」范《注》：「善稻，吳地。」杜《注》：「善道（連堂案：善稻《左傳》作善道），地闕。」《穀梁》曰：「吳謂善伊，謂稻緩，號從中國，名從主人。」江永《春秋地理考實》云：「杜《注》：『地闕。』《彙纂》案：『阮勝之《南兗州記》云：「盱眙本吳善道地，秦置盱眙縣。」』」（卷二）則善道爲吳地明矣。此例范有注，而杜不明所在。范《注》傳寫致誤者，宣十一年：「楚子、陳侯、鄭伯盟于夷陵。」范《注》：「夷陵，齊地。」杜《注》：「辰陵〔註17〕，陳地，潁川長平縣東南有辰亭。」范以夷陵爲齊地不可解。依本節所論，除（五）類之2.，范以包來爲宋邑，杜以浮來爲紀邑，其因不明外，凡范與杜異者，皆有因可說，而絕大多數則皆依杜預，是子勤以「范《注》地名皆本杜預」之說，可謂定論；而此處杜以辰陵爲陳地亦確，江永《春秋地理考實》云：「《彙纂》：『今開封府陳州西南四十里有辰陵亭，故長平城在州西北六十里。』今案：陳州今爲府，《水經注》云：『今辰亭在長平城西北，長平城在東南。』或杜氏之謬誤耳。」（卷二）知辰陵確在陳地，惟辰陵亭或說在長平東南，或說在長平西北之異耳，則范當依之。又以地理位置言之，楚、陳、鄭在南，齊在北，楚、陳、鄭盟會，何必遠至齊國？此當爲范所悉知者也，不當致誤，今誤者，疑其傳寫所致，惟今所見，未有作「陳地」者，姑存其疑，以待賢者。

第六節　發明書法傳例之證補

孔子因魯史修《春秋》，而筆削大義存乎其間。然則大義何所見乎？必於屬辭比事，詳略異同之例有以見之。范注《穀梁》，於《穀梁》義例多所發明〔註18〕，至《補注》，時於范之簡略不足處，予以補充說明。

〔註17〕夷陵，《左氏》《公羊》作辰陵。異文之由參見陳新雄先生《春秋異文考》，師大國研所集刊第七期，頁452，52年6月。
〔註18〕參見王師熙元先生《穀梁范注發微》第四章：〈范《注》對《穀梁》義例之發明〉。

1. 隱四年：「莒人伐杞，取牟婁。」

   傳曰：「諸侯相伐取地於是始，故謹而志之也。」

   范《注》：「春秋之始。」

   《補注》：「春秋之始者，託始也。內外諸取邑，史必備文，君子於外取邑皆略去，其存之者，欲以見義，外圍邑亦然。」

   連堂案：此明《春秋》之「謹始」例。王師熙元先生《穀梁范注發微》云：「《易》曰：『履霜堅冰至。』又曰：『臣弒其君，子弒其父，非一朝一夕之故，其所由來者漸矣！』蓋事象之起，初始甚微，積漸而著，柔乃為剛，天下禍患，皆如是而生者也，防微慮漸，可不慎乎？故《春秋》之文，或因始見意，以為天下戒；而《穀梁》之釋經也，遂有『謹始』之例。」〔註19〕

2. 隱十年：「公敗宋師于菅。」

   傳曰：「內不言戰，舉其大者也。」

   范《注》：「戰然後敗，故敗大於戰。」

   《補注》：「大猶重也，敗重於戰，言敗則戰可知，故舉重而書，可損去舊文也。」

   連堂案：此例明《春秋》有輕重大小之例，蓋事有小大之別，物有輕重之異，理有隱顯之分，《春秋》書法，往往舉其重，明其大，以對顯其理，而褒諱貶損之功亦因是而在。

3. 僖二十八年：「公子買戍衛，不卒戍，刺之。」

   范《注》：「刺，殺也；內諱殺大夫，故謂之刺。」

   《補注》：「諱者，經例因史例也、〈明堂位〉說魯君臣未嘗相弒。弒本是殺字，君為臣殺，則書薨，書卒；臣為君殺，則書刺，是所謂未嘗相殺，皆魯史舊法也。」

   連堂案：此明《春秋》為魯史，於魯事多出以特筆，須明其書法特筆，而後能事明理得。

第七節　補甯所未詳

范注《穀梁》，於經傳意旨未能確審之處，多出以「甯所未詳」，或「某所未詳」（莊三十二年），或「甯不達此義」（哀二年），考之全書凡十三處。陳澧《東塾讀書記》云：

范《注》多稱「甯所未詳」：隱九年：「天王使南季來聘。」傳云：「聘

〔註19〕第四章第二節〈發明其特義之例〉，頁564。

諸侯，非正也。」范《注》云：「《周禮》，天子時聘以結諸侯之好，傳曰
『聘諸侯非正』，甯所未詳。」此因《穀梁》與《周禮》不合，不敢定其
是非也。莊元年：「齊師遷紀郱鄑郚。」傳云：「郱鄑郚，國也；或曰：遷
紀于郱鄑郚。」范《注》云：「或曰之說，甯所未詳。」此以或說爲非，
而不駁之也。定六年：「仲孫何忌如晉。」《注》云：「仲孫忌而曰仲孫何
忌，甯所未詳。」《公羊傳》曰：「譏二名。」此不信《公羊》之説，而不
駁之也。有因何邵公之說不通，范氏但云「甯所未詳」者，桓四年：「夏，
天王使宰渠伯糾來聘。」范《注》云：「下無秋冬二時，甯所未詳。」楊
《疏》云：「何休云：『桓無王而行，天子不能誅，反下聘之，故去二時以
見貶。』范以五年亦使臣聘，何以四時皆具？七年不遣臣聘，何因亦無二
時？故直云甯所未詳也。」（澧案：桓七年無秋冬，定十四年無冬，昭十
年十有二月不書冬，莊二十有二年以五月首時，何休之說皆謬，范皆云甯
所未詳。）莊三十二年：「公子牙卒。」成十六年：「公至自會。」昭十二
年：「晉伐鮮虞。」《注》皆引鄭君説，而云「甯所未詳」，范氏最尊鄭君，
而猶云未詳，慎之至也。（卷十）

陳氏所舉凡十一，另有僖八年：「秋七月，禘于大廟。」范以〈雜記下〉云：「七月
而禘，獻子爲之。」然此時未有獻子，故謂「〈雜記〉之云，甯所未詳」。哀二年：「晉
趙鞅帥師納衛世子蒯聵于戚。」傳曰：「以輒不受父之命，受之王父。」范以如傳說
乃是拒父，故引江熙以駁傳說，而稱「甯不達此義」。於此十三處，子勤《補注》皆
有說，王師熙元先生《穀梁范注發微》引述頗詳〔註20〕，茲舉三例以明。

1. 桓四年：「夏，天王使宰渠伯糾來聘。」

范《注》：「下無秋冬二時，甯所未詳。」

《補注》：「下無秋七月、冬十月者，十四年傳曰：『立乎定哀，以指隱桓，隱桓
之日遠矣！夏五，傳疑也。』明此亦爲世遠之故，仍史之闕，以示傳疑，傳於
彼言之，則此可不發也。」

連堂案：楊《疏》云：「何休云：『桓無王而行，天子不能誅，反下聘之，故去
二時以見貶。』范以五年亦使臣聘，何以四時皆具？七年不遣臣聘，何因亦無
二時？故直云甯所未詳也。」王師熙元先生《穀梁范注發微》云：「桓元年傳云：

〔註20〕該書第三章第三節〈對事理之説明〉，曾列專目論之。師云：「茲抄撮范《注》之文，
臚列於后，凡先儒有所考述，而足補范氏之疑闕者，並蒐錄焉。」而《補注》皆曾
爲引述，其中昭十一年及哀二年二條，論述於第五章，頁759及751，餘見第三章，
485至492。

『《春秋》編年，四時具而後爲年。』范以此年不書秋、冬，而何休說未洽，故闕其疑。杜預注《左氏》以爲史闕文，孔穎達申之，……可謂卓見，鍾氏依傳世遠傳疑之義釋之，尤爲確鑿。」〔註21〕又桓七年無秋冬二時，莊二十二年以五月首時，范皆云「甯所未詳」，《補注》亦皆以爲世遠之故，史文殘闕，其說是也。

2. 昭十二年：「晉伐鮮虞。」

傳曰：「其日晉，狄之也。其狄之何也？不正其與夷狄交伐中國，故狄稱之也。」范《注》：「夷狄，謂楚也。何休曰：『《春秋》多與夷狄並伐者，何以不狄也？』鄭君釋之曰：『晉不見因會，以綏諸夏，而伐同姓，貶之可也，狄之大重。晉爲厥慭之會，實謀救蔡，以八國之師而不能救，楚終滅蔡，今又伐徐，晉不糾合諸侯，以遂前志，舍而伐鮮虞，是楚而不如也，故狄稱之焉。』厥慭之會，《穀梁》無傳，鄭君之說，似依《左氏》，甯所未詳，是《穀梁》意非。」

《補注》：「《疏》曰：『糜信云：「與夷狄交伐，謂楚伐徐，晉伐鮮虞是也。」范意與糜信同，范云甯所未詳，是《穀梁》意非者，疑鄭以厥慭之會謀救蔡者作《穀梁》意也。若然，范答薄氏亦言楚滅陳蔡，而晉不能救，棄盟背好，交相攻伐者，范意以晉不能救陳蔡者，不據厥慭之會故也。』文烝案：范謂如鄭所言，則《穀梁》意非矣。以傳指楚伐徐，而鄭乃指楚圍蔡滅蔡，疑未可用，與答薄氏意自是不同。《疏》誤會范意，而范又誤會鄭意也。鄭意亦謂傳指伐徐，特連圍蔡滅蔡言之，以盡其義，晉合諸侯，不能救蔡，致爲楚滅，今楚又伐徐，晉並不能合諸侯，乃伐鮮虞，《春秋》不正其交伐，故上書楚子，而此則狄晉，以明晉不如楚也。會厥慭不能救蔡，既據《左傳》文，亦本何氏意，觀《公羊注》可知。此條晉不見因會二句，亦是何氏自爲說，以釋狄晉之義，不復取義於伐徐，故鄭駁之，以爲狄之大重也。文烝統觀何、鄭、糜、范諸說，鄭最爲近之，而亦終有未盡。今案：襄二十七年盟于宋，晉楚弭兵，而三十年傳曰：『無侵伐八年。』則明昭元年晉荀吳敗狄一事，經所不論，以其絕遼遠也。自後楚三伐吳，滅厲，滅陳，圍蔡，滅蔡，殺蔡二君，至此又伐徐，背盟用兵，暴橫不道者，皆楚；晉未嘗一用兵，用兵於此焉始，舍楚不問，乃伐鮮虞，非有特文不足著義，以其與夷狄交伐，則亦夷狄而已矣。故曰：『不正其與夷狄交伐中國，故狄稱之也。』中國兼陳、蔡、徐、鮮虞言之，成九年傳曰：『莒雖夷狄，猶中國也。』徐亦其比也。鮮虞則地近而同姓也，傳連陳、蔡通謂之中國，要

以晉不能伐楚，而反與楚共伐人，大概言之也。弭兵則善之，用兵則狄之，取義之相因也。楚則生名之，晉則狄之，立文之相稱也，經既深微，傳亦簡淡，自來逐失其解，實則前後貫通。」

3. 哀公二年：「晉趙鞅帥師納衛世子蒯聵于戚。」

傳曰：「納者，內弗受也；帥師而後納者，有伐也。何用弗受也？以輒不受也。以輒不受父之命，受之王父也；信父而辭王父，則是不尊王父也。其弗受，以尊王父也。」

范《注》：「甯不達此義。江熙曰：『齊景公廢世子，世子還國書篡；若靈公廢蒯聵立輒，則蒯聵不得復稱曩日世子也；稱蒯聵爲世子，則靈公不命輒審矣。此矛楯之喻也，然則從王父之言，傳似失矣。經云納衛世子，鄭世子忽復歸于鄭稱世子，明正也，明正則拒之者非邪？』」

《補注》：「齊陽生與子糾同皆正，皆非世子，陽生取國于荼，故以國氏，其與荼又非父子也，靈公自命輒，蒯聵自可稱世子，何相妨乎？傳謂輒有不受父之義，故內弗受之例，同於常文；《注》誤會傳意，謂輒有受父之事，而經因明其可以拒父，不思甚矣。晉伐衛喪，蒯聵以詐謀入戚，不聞輒用師相禦，觀《左傳》所載，固不得云拒父也。《公羊》下年傳始有『距』字，其事即指圍戚，亦不指此年也。拒父之非，人皆知之，乃因《公羊》曼姑可拒之謬說，而云拒之者非耶？依違其辭，又可哂也。」

連堂案：柳興恩《穀梁大義述》云：「輒之不早出奔，律以拒父之罪，義無所逃。若云蒯聵非不當立，以經不去世子耳，不思經書立、納、入皆篡也。但父不篡子，故與輒以王父之命，還蒯聵以世子之稱，以見蒯聵之篡父。其書世子者，非鄭世子忽反正之例，乃楚世子商臣弒其君之例，非以爲輒，乃所以治蒯聵也。」（卷十）柳氏之論可補子勤之說。廖平《釋范》亦云：「傳此說與《公羊》同。《春秋》貴命，先君所絕，臣子不能逆命迎之，此定義也。輒之所難，特以所拒乃己父耳。《春秋》書世子者，以父命臨之，不從父而從王父，所以使父受命于祖，非靈公之逐子，《春秋》謂爲可立，乃與鄭世子比也。范氏但知從命之說，夫使輒迎蒯聵而立之，是蒯聵死其父，輒死其祖，孝子揚美不揚惡，信道不信邪，寧拒父申祖命以成其孝，不能從命迎以陷父于惡也。又禮不以家事辭王事，不能以私恩而廢國典，亦已明矣。倘蒯聵有順子，則靈公有逆孫，且靈公命絕之而輒迎之，是靈之命不信于聵，棄祖命而廢父道，《春秋》拒聵，正以成父之尊于子，范氏知小惠而忘大道。」觀《補注》、柳氏、廖氏之論，則范之疑可釋矣。

第八節　刪移注文

《補注·略例》第一條云：

　　凡范《注》全載，或移其處。

知《補注》凡范《注》皆全載之，且除少數將范《注》或割或移，使經傳與注文更見緊密明確外，皆存其原貌，置注文於經傳之下；惟有例外者，《補注》於宣十八年以范《注》煩贅不暢，曾刪注文八字，子勤自云爲全書惟一刪注之處。實則，於隱九年亦曾以注文謬誤刪去二字。此外，《補注》以注文煩贅費辭，迂曲巧說，甚或明言當刪、宜刪、可刪者，約二十處，而以范《注》誤引，並直改注文者一處，謂其當改者亦有數處。以下依刪注，以注煩贅宜刪，改注，以注當改，移注，以注當移之次，各舉例以明。

一、刪　注

1. 隱九年：「天王使南季來聘。」

　　傳曰：「聘諸侯，非正也。」

　　范《注》：「《周禮》：『天子時聘以結諸侯之好，殷覜以除邦國之慝，間問以諭諸侯之志，歸脤以交諸侯之福，賀慶以贊諸侯之喜。』」

　　《補注》：「《注》首『周禮』下有『天子』二字，大謬。今刪之。……《周禮·大行人》、《大戴禮·朝事儀》，皆先言春朝、秋覲、夏宗、冬遇、時會、殷同。鄭君曰：『此六事者，以王見諸侯爲文。』次言時聘、殷覜，鄭君曰：『此二事者，亦以王見諸侯之臣使來者爲文。』又次言間問、歸脤、賀慶、致禬，鄭曰：『此四者，王使臣於諸侯之禮也。』以此觀之，時聘是諸侯聘天子，……間問是天子問諸侯，……上之於下，有問無聘，分異而禮殊，禮殊而名別。」

　　連堂案：此《補注》以《注》有「天子」二字，不合禮制，故以其謬誤而刪之。又今《周禮》亦無「天子」二字，見〈秋官·大行人〉。

2. 宣十八年：「歸父還自晉。」

　　傳曰：「還者，事未畢也；自晉，事畢也。」

　　《補注》：「范於『事未畢也』下注曰：『莊八年秋師還是也。』八字贅甚，滯甚，今刪。全書刪注，唯此一處。」

二、以注煩贅宜刪

1. 莊十五年：「宋人、齊人、邾人伐郳。」

　　范《注》：「宋主兵，故序齊上也。班序上下，以國大小爲次，夷狄在下；征伐

則以主兵爲先，《春秋》之常也，他皆放此。」

《補注》：「《注》首二句本杜預，班序以下，則下年夏『伐鄭』下注也，杜無『夷狄在下』句，宜刪四字。」

連堂案：宜刪之說，未必然也。說見本章第三節之〈本諸杜預〉之說。

2. 僖十五年：「春，楚人伐徐。三月，公會齊侯、宋公、陳侯、衛侯、鄭伯、許男、曹伯，盟于牡丘，遂次于匡。」

范《注》：（「遂次于匡」下）「救徐也，時楚人伐徐。」

《補注》：「『時楚』五字贅甚。」

連堂案：《補注》以前之經文已明書「楚人伐徐」，而後盟會次於匡，注以「救徐也」意已明，無須再出「時楚人伐徐」也。

3. 文二年：「及晉處父盟。」

傳曰：「不言公，處父伉也，爲公諱也。」

范《注》：「諱公與大夫盟，去處父氏，公親如晉，使若與其君盟，如經言邾儀父矣。不書地者，公在晉也。」

《補注》：「《注》謂若邾儀父，本何休說，頗迂曲，宜刪去公親如晉三句。」

連堂案：《補注》以「公親如晉」可由下注文「不書地者，公在晉也」得知，而公與晉大夫陽處父盟，爲諱公盟大夫之恥，故經去「陽」氏，而稱「晉處父」，此直是諱盟大夫耳。而何休云「如邾婁儀父」者，隱元年：「公及邾儀父盟于眜。」謂此稱「晉處父」，有如隱元年之稱「邾儀父」，而晉處父者，有若晉君，《注》所謂「使若與其君盟」，故《補注》以爲迂曲宜刪。

4. 文八年：「天王崩。」

范《注》：「襄王。」

《補注》：「《左傳》《史記》皆名鄭，范《注》贅。」

連堂案：《補注》引《左傳》《史記》，以明天王之名，並以范《注》「襄王」爲贅。以爲贅者，葬天王《春秋》例書「葬某王」，如此例，文九年書曰「葬襄王」，故知此崩者，襄王也，不注亦明，無誤認之虞。同例宣二年：「天王崩。」三年：「葬匡王。」范亦於「天王崩」下注「匡王也」，而《補注》亦以爲贅。而桓十二年：「陳侯躍卒。」范《注》：「陳厲公也。」此不以爲贅者，下無「葬陳厲公」，不注則未能明故也。

三、改　注

1. 定五年：「歸粟於蔡。」

范《注》：「蔡侯比年在楚，又爲楚所伐，饑，故諸侯歸之粟。」

《補注》：「此本杜預。杜無『侯比』以下六字，當刪之。」

連堂案：《注》「爲楚所伐」《補注》直改作「爲楚所圍。」王師熙元先生曰：「杜預釋此云：『蔡爲楚所圍，飢乏，故魯歸之粟。』范引之而增其文，釋歸粟之故。四年楚人圍蔡，范言爲楚所伐，當依杜預作圍。」〔註22〕又《補注》以六字當刪者，以蔡侯在楚，前傳已明言，且蔡之饑乃楚圍所致，非涉於蔡侯之經年被拘也。此例《補注》以《注》誤而直改之，並以《注》說未見妥切，而以爲當刪。

四、以注當改

1. 哀七年：「秋，公伐邾，八月己酉入邾，以邾子益來。」

傳曰：「以者，不以者也。」

范《注》：「夫諸侯有罪，伯者雖執，猶以歸于京師；魯非霸主，而擅相執獲，故曰入以表惡之。」

《補注》：「《注》末句當改云：『故曰以者不以者也。』」

連堂案：日入誠惡矣，然日入之惡，謂「入邾」耳，無涉於以不以邾子來。且范《注》全文乃論執諸侯事，謂魯非霸主而擅相執，故經書「以」以示「不以」，猶謂不與魯「以邾子來」也，故《補注》謂末句當改云「故曰以者不以者也」，如此始能函攝「日入之惡」及「以者不以」兩意，而義始備，且注文始得因果相貫，否則以執諸侯爲因，卻結以日入爲惡之果，是因自爲因，果自爲果矣。子勤之說是。

五、移　注

1. 文元年：「天王使叔服來會葬。」

傳曰：「葬曰會。其志，重天子之禮也。」

范《注》：「諸侯喪，天子使大夫會葬，禮也。傳例曰：『天子大夫稱字。』蓋未受采邑，故不稱氏，字者，貴稱，故可獨達也。」

連堂案：注文原接於經文「會葬」下，《補注》則移「諸侯喪，天子使大夫會葬，禮也」於傳文下。

〔註22〕見註4。

2. 定六年：「夏，季孫斯、仲孫何忌如晉。」「冬，季孫斯、仲孫忌帥師圍鄆。」

　　范《注》：「仲孫何忌而曰仲孫忌，甯所未詳。」

　　《補注》：「此注舊在上『如晉』下，其首句之文云：『仲孫忌而曰仲孫何忌。』轉寫錯誤，妄改耳，今移正之。」

　　連堂案：《補注》將夏經之注文，移至冬之經文下，又以注文轉寫錯誤，將「仲孫忌而曰仲孫何忌，甯所未詳」，改為「仲孫何忌而曰仲孫忌，甯所未詳」，此涉版本問題，及「仲孫忌」、「仲孫何忌」兩者孰是之認定，非僅移注而已，又論於第四章第六節之〈以經傳為校〉。

六、以注當移

1. 隱六年：「公會齊侯盟于艾。」

　　范《注》：「隱行皆不至者，明其當讓也。」

　　《補注》：「此注當移於後文『伐邾』、『會中邱』下。經例：凡離會本以不致為常。」

　　連堂案：伐邾在七年，會中丘在十年，兩者皆不書至。《補注》以為當移後者，此為會盟，依經例本不書至，而伐邾及會中邱則當書，何以故？伐者危事也，書至所以喜公之復返也；至會中邱，亦會也，本以不至為常，然此時隱公有危事，《注》云：「隱行至此皆月者，天告雷雨之異，以見篡弒之禍，而不知戒懼，反更數會，故危之。」公既有危，入當書至，亦所以喜公之安也。《注》欲明不書至在明隱之當讓，則宜注於當書至而未書之下，如伐邾，如會中邱；若此例之盟艾，則本以不書至為常，故《補注》以為當移也。

第九節　駁　《注》

　　《補注》有以范《注》或不明經義，或誤據經例，或注傳而駁傳，或訓詁不當，或史事不明而誤注者，《補注》中皆糾舉而駁斥之。

一、駁《注》不明經義

1. 隱六年：「公會齊侯盟于艾。」

　　范《注》：「隱行皆不致者，明其當讓也。」

　　《補注》：「杜預曰：『凡公行還不書至者，皆不告廟也。隱不書至，謙不敢自同於正君書勞策勳。』杜意隱無告廟飲至之事，史不書至，此即大夫不爵命而不

氏之比也；范意似謂史書至而經去之。經本不正其讓，成志之文，止可一見，不當屢見，則知《注》意非也。」

連堂案：杜預《注》見桓二年冬《左》經，以爲隱不書至者，不告廟，故史本未載，而范《注》則以爲經不書至在明讓，似史文本有，而經削之，然《春秋》不以隱爲正，《穀梁》曰：「讓桓正乎？曰：不正。」（隱元年）而范《注》「明其當讓」，故《補注》駁范不明經義。

2. 昭十一年：「夏四月丁巳，楚子虔誘蔡侯般殺之于申。」

傳曰：「何爲名之也？夷狄之君誘中國之君而殺之，故謹而名之也。稱時、稱月、稱日、稱地，謹之也。」

范《注》：「蔡侯般弑父之賊，此人倫之所不容，王誅之所必加。禮凡在官者殺無赦，豈得惡楚子殺般乎？若謂夷狄之君不得行禮于中國者，理既不通，事又不然。宣十一年楚人殺夏徵舒不言入，傳曰：『明楚之討有罪也。』似若上下違反，不兩立之說。……凡罰當其理，雖夷必申，苟違斯道，雖華必抑，故莊王得爲霸討，齊侯不得滅紀，趙盾救陳，則稱師以大之，靈王誘蔡，則書名以惡之，所以情理俱暢，善惡兩顯，豈直惡夷狄之君討中國之亂哉？」

《補注》：「楚靈內懷利心，而外託討賊，已於『誘』字見義，不待煩言也。至於謹名以爲特文，又謹時、謹月、謹日、謹地，以盈其文，則全以夷狄之誘殺中國起義，不專以誘殺起義。若中國誘殺中國，無爲謹之又謹如是也，中國誘殺夷狄，更可知也，夷狄誘殺夷狄，則戎蠻子尤有明文也。傳之釋經，平淡精審，《注》竟欲亂華夷之別，謬矣。莊王入陳，傳亦曰：『不使夷狄爲中國。』《注》不知引彼傳以明同，反以殺徵舒傳以明異，何邪？誘殺雖託討名，其實既謂之誘，不得復謂之討，《公羊》言誘討，而傳不言討，與殺徵舒、殺慶封傳不同，此傳義所以爲密也。」

連堂案：王師熙元先生《穀梁范注發微》云：「華夷之辨，《春秋》所重，蓋大義所在也，而《穀梁》每以爲言，鍾氏以傳證傳，深得其旨，則范氏之駁，蓋未窺其全也。」〔註23〕范、鍾之異，乃觀點不同所致，而子勤能明傳義，故王師以爲得之，雖范氏亦爲得理，然未窺其全也。

二、駁《注》誤據經例

1. 僖十七年：「冬十有二月乙亥，齊侯小白卒。」

〔註23〕第五章第一節〈對傳義之駁難〉，頁745。

傳曰：「此不正，其日之何也？」

范《注》：「據二十四年晉侯夷吾卒不書日。」

《補注》：「不得獨據夷吾，又在時卒例，當云據例不日。」

連堂案：隱三年傳曰：「諸侯日卒，正也。」知諸侯正，則卒書日，諸侯不正，例不書日，皆《春秋》通例也。《補注》以「當云據例不日」者，謂當據經之通例，不當獨據夷吾卒。又云「時卒例」者，莊九年：「齊小白入于齊。」傳曰：「齊小白入于齊，惡之也。」僖十四年傳曰：「諸侯時卒，惡之也。」以其惡小白，故其卒當書時，而今經書日，故傳問「其日之何也」？

三、駁《注》注傳而駁傳

1. 桓十三年：「春二月，公會紀侯、鄭伯。己巳，及齊侯、宋公、衛侯、燕人戰。齊師、宋師、衛師、燕師敗績。」

   傳曰：「其不地，於紀也。」

   范《注》：「《春秋》戰無不地，即於紀戰，無為不地也。鄭君曰：『紀當為己，謂在魯也，字之誤耳。得在龍門，城下之戰迫近，故不地。』」

   《補注》：「戰于紀而不地者，上言會紀侯，故下省其文，省文者，蓋變文也，范疑之，非也。范語本何休《癈疾》，而鄭君釋之如此，見《疏》。得在龍門，『得』疑當作『時』，轉寫誤也。王引之曰：『六年傳曰：「其不地，於蔡也。」文義正與此同，蔡、紀皆國名，不得破紀為己，傳凡目魯，皆曰我，或曰內，無言己者，鄭君從《公羊》戰魯龍門之說以改《穀梁》說，非也。』文淼案：王說甚當。《公羊》以不地為近乎圍，而何休謂兵攻城池，親戰龍門，徐彥《疏》引《春秋說》，董仲舒《繁露》亦言之。《左傳》謂鄭不堪宋命，故戰不書所，戰後也，其說又異。趙匡、孫覺、胡安國詳繹經文，知是齊以三國伐紀，而魯與鄭救之，明《穀梁》之說最長，范注傳而反駁傳，故李廉怪之矣。」

2. 莊三年：「葬桓王。」

   傳曰：「傳曰：『改葬也。』」

   范《注》：「若實改葬，當言改以明之，猶郊牛之口傷，改卜牛是也。傳當以七年乃葬，故謂之改葬。」

   《補注》：「此引舊傳文，《公羊》又同，而《注》猶疑之；又引改卜牛，亦不倫矣。前者桓王之葬不書，下所謂『天子志崩不志葬』也，猶平王之葬亦不書也。今此改葬，故特志之。……依《左傳》，葬有闕，則改葬。」

   連堂案：廖平《釋范》云：「改卜牛，一時有二牛，有彼此之分，故言改，以別

于前牛。改葬同爲一葬，既非一時，又非實物，故不言改以相別異。《春秋》改事不言改者多矣，若如范說，則豈但一改卜牛乎？」廖說可補子勤之駁范。

3. 文十六年：「夏五月，公四不視朔。」

傳曰：「天子告朔于諸侯，諸侯受乎禰廟，禮也。公四不視朔，公不臣也，以公爲厭政以甚也。」

范《注》：「每月天子以朔政班於諸侯，諸侯受而納之禰廟，告廟以羊。今公自二月不視朔，至于五月，是後視朔之禮遂廢，故子貢欲去其羊。」

《補注》：「《左氏》《公羊》解經，皆以爲公有疾，大失經旨。趙匡曰：『十二公除文之外，無書不視朔者，豈皆無病？足知病不視朔，常事不書。』文淊以爲，君不視朔，或因疾，或因有事，皆非過惡，史皆不書；不須書，且不勝書也。《公羊》又曰：『何言乎公有疾不視朔？自是公無疾不視朔也。然則曷爲不言公無疾不視朔？有疾猶可言也，無疾不可言也。』夫使公自此遂不視朔，則當書曰『二月公初不視朔』，否則書『夏六月公初不視朔』，或直言『初不視朔』，以見魯自此遂廢視朔之禮。《春秋》文有隱諱，而事皆從實，何不可言之有？不當以有疾見後之無疾，乃欲見其所必不能見也。公自二月至五月不視朔，則六月後還復視朔可知；宣公以後亦皆視朔可知，經文甚明，《公羊》自擾耳。若然，《論語》記子貢欲去告朔之餼羊，而夫子有愛羊愛禮之論，彼文當定哀時，既不告禰，豈復視朔乎？蓋自文四不視朔，而宣、成、昭、襄，或踵其失，至定、哀時加數，故子貢感而傷之，其實未嘗全廢不行。故雖廢禮之月，有司猶供餼羊，而夫子言『我愛其禮』也。范上注用《公羊》義，又以《論語》證成之，倍經反傳，而於《論語》亦失事實焉。」

連堂案：《補注》以《春秋》書法及《論語》，駁《公羊》文公之後視朔禮廢之說，而范《注》用之，乃倍經反傳，當如傳以文公爲厭政以甚爲是。

四、駁《注》訓詁之誤

1. 隱元年：「公及邾儀父盟于眛。」

傳曰：「儀，字也；父猶傅也，男子之美稱也。」

范《注》：「傅，師傅。」

《補注》：「《注》釋傅非也。傅讀爲夫，《毛詩傳》曰：『夫，傅相也。』鄭君〈郊特牲注〉曰：『夫或爲傅。』明夫、傅古通用。〈士冠禮〉章甫，鄭以爲表明丈夫，又云甫或爲父，古書甫、父亦通用，傳言父猶傅，猶曰甫猶夫，以其非本訓而義相近，故言猶耳。〈郊特牲〉曰：『夫也者夫也。』夫爲男子美稱，故春

秋時人，名字多加父，名或加夫也。」

2. 僖三十一年：「夏四月，四卜郊，不從，乃免牲。」

傳曰：「乃者，亡乎人之辭也。」

范《注》：「亡乎人，若曰無賢人也。」

《補注》：「《注》以亡為無，以人為賢人，凡傳言亡乎人者，《注》皆如此解之，皆非也。王引之曰『亡讀存亡之亡，亡者，不在也，凡言亡乎人者，皆謂不在乎人。《荀子》曰：「制與在我，亡乎人。」與讀為舉，舉，皆也，言制皆在我，而不在人，是「亡乎人」為「不在乎人」之證也。《管子》曰：「邪行亡乎禮，違言不存口。」《莊子》曰：「其在彼邪，亡乎我；在我邪，亡乎彼。」《淮南子》曰：「物物者亡乎萬物之中。」是「亡乎」為「不在乎」之證也。《禮‧檀弓》曰：「亡於禮者之禮也，其動也中。」《荀子》曰：「禮以順人心為本，故亡於禮經而順人心者皆禮也。」又曰：「然則鬬與不鬬邪，亡於辱之與不辱也，乃在於惡之與不惡也。」又曰：「故治亂在於心之所可，亡於情之所欲。」又曰：「吾所以得三士者，亡於十人與三十人中，乃在百人與千人之中。」《淮南子》曰：「聖亡乎治人，而在於得道，樂亡於富貴，而在於得和。」是又「亡於」為「不在於」之證也。《詩‧唐風》曰：「予美亡此。」《禮‧祭法》曰：「有天下者祭百神，諸侯在其地，則祭之；亡其地，則不祭。」《公羊傳》曰：「季子使而亡焉。」是又「亡此」為「不在此」，「亡其」為「不在其」，「亡焉」為「不在焉」之證也。』文蒸案：王說是也。李光地以為亡乎人，猶俗言不由人，意亦是也。」

連堂案：此《補注》引王引之《經義述聞》以駁范之誤也。

3. 宣二年傳曰：「盾曰：『天乎！天乎！予無罪。孰為盾而忍弒其君者乎？』」

范《注》：「迴己易他，誰作盾而當忍弒君者乎？」

《補注》：「王念孫曰：『《注》非也。為猶謂也。言誰謂盾而忍弒其君也。《公羊》曰：「誰謂吾弒君者乎？」是其證。古書為字或與謂同意，二字可互用。』」

五、駁《注》不明史事

1. 文九年：「夫人姜氏至自齊。」

傳曰：「卑以尊致，病文公也。」

范《注》：「夫人行例不致，乃以君禮致，刺公寵之過。」

《補注》：「《注》末句非也。病不可以為刺，文公嬖頃熊，而姜氏無寵，反言寵之過，非事實也。傳言夫人以君禮致，儼如國君然，是由公之不知禮，故足為

病也。夫人所以不得致者，婦人既嫁不踰竟，既無踰竟之事，安有告廟飲至之禮；故公宜致，夫人不宜致，始嫁宜致，既嫁不宜致，文姜、聲姜雖踰竟，皆不行告至之禮也。」

連堂案：文公孌頃熊，見《左傳》文十八年。此《補注》以史實駁范《注》「公寵之過」，並以禮制補范「夫人行例不致」。

2. 昭十三年：「同盟于平丘，公不與盟。」

范《注》：「公以再如晉不得入，故不肯與盟。」

《補注》：「《注》非也。既曰不肯，何云不與。鄭伯逃歸不盟，直言不盟，為不肯盟之文。此言不與盟，明其不得與於盟，非不肯也。據《左傳》，既會之後，邾莒愬於晉，晉侯不見公，使叔向辭魯毋與盟，與沙隨不見公略相似，……今此不書不見公者，公既列會，則盟有可與之理，乃因不能治國，啟釁邾莒，致為所愬，屏不得與，故以公主其文，而書不與盟，不譏諸侯，獨譏公也。」

連堂案：此舉《左傳》，證公不得與盟，以駁范《注》公不肯與盟之說，並推論不得與盟，咎在公不能治國，故經譏之也。

3. 哀十年：「公至自伐齊。」

范《注》：「傳例曰：『惡事不致。』公會夷狄，伐齊之喪，而致之何也？莊六年：『公至自伐衛。』傳曰：『不致，則無用見公之惡事之成也。』將宜從此之例。」

《補注》：「伐時齊侯未卒，《注》當言會夷狄伐鄰近大國，又當引僖二十六年傳危之之例，無取於見惡事之成。」

連堂案：據經文，「公會吳伐齊」在十年之正月，而「齊侯陽生卒」在三月，是會吳伐齊在先，時陽生未卒，《注》不得云伐齊之喪。

第四章　對經傳之發明

　　《補注》除對范《注》之舛略予以證補外，其可貴者，尤在於前人未及處多所創通，其大者有於經傳義理之闡明，義例之發明，文字之訓詁，解析《穀梁》釋經之法，闡明《穀梁》文章之特色，及《穀梁》版本之校勘數端，以下分六節論之。

第一節　經傳義理之闡明

一、正　名

　　子路問孔子：「衛君待子而爲政，子將奚先？」孔子答云：「必也正名乎？」（《論語・子路》）又答齊景公以「君君、臣臣、父父、子子。」（《論語・顏淵》）夫孔子生當周衰，封建宗法隳壞，目睹王綱失紀，禮樂廢弛，以爲君不君，臣不臣，父不父，子不子，乃亂之根源，故欲嚴君臣上下之名分，以尊周室，敬主君，折貴族之奢僭，抑臣下之簒竊，乃倡正名。孟子曰：「世衰道微，邪說暴行有作，臣弒其君者有之，子弒其父者有之，孔子懼，作《春秋》。」（〈滕文公下〉）《春秋》者，正名之具體顯發也，故孟子曰：「孔子成《春秋》，而亂臣賊子懼。」（〈滕文公下〉）

（一）正隱治桓

　　春秋時，周室微，法統隳壞，無以維繫，臣弒其君者有之，子弒其父者有之，孔子懼，作《春秋》，欲以撥亂反正，故特嚴君位之傳承，而以正隱治桓爲開宗之要義。子勤〈論經〉云：

　　　　隱無正，唯元年有正，傳曰：「謹始也，所以正隱也。」桓無王，唯
　　元年有王，傳曰：「謹始也，所以治桓也。」此特標開宗要義也；開宗之
　　義，即冒全書。

開宗之義，即冒全書者，《春秋》一以正名定分爲指歸也。

夫諸侯之君，命之於天子，承之於始封之君，其傳承有法，不得私相授受也。傳曰：

　　《春秋》之義，諸侯與正而不與賢也。（隱四年）

范雍注云：

　　　　立君非以尚賢，所以明有統也，建儲非以私親，所以定名分，名分定，
　　則賢無亂長之階，而自賢之禍塞矣；君無嬖幸之由，而私愛之道滅矣。

知君位之傳承，一定於傳嗣之法，所謂「與正」也。正者嫡也，無嫡則與長，名分既定，則不得絲毫改易於其間，故雖衛晉之得衆，許叔之親貴，不與也〔註1〕，足見《春秋》名分之謹嚴。而隱公，惠公之長庶，無嫡當立，受之於天子，承之於先君，竟探先君之邪志，志遜于桓，以亂法統，以一己之私惠，忘天下之公器，啓春秋篡弒之禍，故《春秋》深正之，討其首亂王法，以示名分之不可亂也。

而桓公，以弟弒兄，以臣弒君，篡立即位，是目無王法，《春秋》以其無王之道，故正討之，以明亂臣賊子之不容於《春秋》也。

（二）序列上下以尊及卑

《春秋》序列上下，先王人，次諸侯，次大夫，不可亂易者，正名定分也。僖八年：「公會王人、齊侯、宋公、衛侯、許男、曹伯、陳世子款盟于洮。」傳曰：

　　　　王人之先諸侯何也？貴王命也。朝服雖敝，必加於上，弁冕雖舊，必
　　加於首，周室雖衰，必先諸侯。

此王人之先諸侯也。襄十六年：「叔老會鄭伯、晉荀偃、衛甯殖、宋人伐許。」《補注》引許瀚曰：

　　晉卿主兵，而先鄭伯者，臣不可過君也。

又如文二年：「公孫敖會宋公、陳侯、鄭伯、晉士穀盟于垂歛。」趙汸《春秋金鎖匙》云：

　　　　《春秋》之法，會盟征伐，以主者先，垂隴（連堂案：垂歛《左氏》
　　作垂隴）之盟，晉爲伯主，則晉主也，晉主之則曷爲不先書晉，而先書宋？
　　大夫不可以先諸侯也。《春秋》以士穀序諸侯之下者，不以會盟之權予大

〔註1〕隱四年：「衛人立晉。」傳曰：「衛人者，衆辭也。立者，不宜立者也。晉之名惡也，
　　其稱人以立之何也？得衆也。得衆則是賢也，賢則其曰不宜立何也？《春秋》之義，
　　諸侯與正而不與賢也。」桓十五年：「許叔入于許。」傳曰：「許叔，許之貴者也。
　　莫宜乎許叔，其曰入何也？其歸之道非所以歸也。」范《注》引范泰曰：「許國之貴，
　　莫過許叔，叔之宜立，又無與二，而進無王命，退非父授，故不書曰歸，同之惡入。」

夫，欲推而屬之宋也。……《春秋》之爲書，所以正名而定分者也。

知《春秋》序列上下，一依尊卑名分，不可亂也。

（三）禮樂征伐出自天子

孔子曰：

> 天下有道，則禮樂征伐自天子出；天下無道，則禮樂征伐自諸侯
> 出。……天下有道，則政不在大夫。（《論語・季氏》）

春秋時，周室衰微，諸侯陵替，天王力不能討，征伐自諸侯出，霸政紛起，繼而政在大夫，諸侯不能制，攻伐會盟，大夫主之。至孔子時，陪臣執國命，上下陵替，綱常無以維繫，孔子修《春秋》，正名定分，不與諸侯專封，不與大夫專政。桓元年：「鄭伯以璧假許田。」傳曰：

> 禮，天子在上，諸侯不得以地相與也。

此時也，魯實以許田易鄭之邴，此諸侯自專也，《春秋》不與其自專，故書假，以謹亂之始生，《補注》引許瀚曰：

> 以邴近魯，許田近鄭，而以相與，利則利矣，而義不得。凡情之所便，
> 而亂之所生，《春秋》所謹也。

此所謂義不得者，不合於名分，是亂之根源，故《春秋》不與。又如僖二年：「城楚丘。」傳曰：

> 楚丘者何？衛邑也。國而曰城，此邑也，其曰城何也？封衛也。則其
> 不言城衛何也？衛未遷也。其不言衛之遷焉何也？不與齊侯專封也。其言
> 城之者，專辭也。〔註2〕故非天子不得專封諸侯，諸侯專封諸侯〔註3〕，
> 雖通其仁，以義而不與也。故曰：仁不勝道。

夫衛爲狄所滅，齊桓爲霸，有存亡繼絕，攘夷狄，安諸夏之義，其城衛，是其仁也，然正名定分，非天子不得專封諸侯，故不與齊侯專封；不與齊侯專封，故《春秋》不書遷衛，《補注》云：

> 以專辭書城，是通其仁，不書衛遷，是斷以義，劉敞所謂以小惠評之，
> 則桓公爲有德，以大法論之，則諸侯無專封。

〔註2〕《補注》云：「此專字與專封之專異；專辭猶言內辭。」又曰：「以其是諸侯公義之
　　　舉，《春秋》引而近之，同諸內事。」此內者，指魯國；內辭者，指所載爲魯國之事。
　　　城衛乃諸侯之公義，《春秋》於諸侯之公義，往往以魯事視之，是謂內辭。此專辭猶
　　　內辭，故《補注》謂與專封之專異。

〔註3〕原作「諸侯不得專封諸侯」，《補注》引王引之《經義述聞》，以「不得」二字涉上文
　　　而衍，今據刪。

故傳曰：「仁不勝道。」〔註4〕《補注》又云：

> 夫義所不得與者，專封也。竊意當日周既衰矣，衛既滅矣，設以聖人
> 而爲齊桓，亦不過告王而封之，亦必不聽其終滅。

子勤說是也。此皆所以明上下之禮分，乃治亂之根源；禮樂征伐屬諸天子，雖有仁惠，不可踰也，故《春秋》謹之。

（四）崇君抑叛臣

襄十六年諸侯會於溴梁，而大夫爲盟，傳曰：

> 溴梁之會，諸侯失正矣。諸侯會，而曰大夫盟，正在大夫也。諸侯在
> 而不曰諸侯之大夫，大夫不臣也。

襄二十七年又云：

> 大夫不臣也，晉趙武恥之。

以趙武能恥大夫之不臣，故不書姓氏以褒之；然《春秋》之褒趙武，亦所以責大夫之專政也。《公羊》曰：

> 大夫無遂事。（桓八年）

遂者，繼事之辭也。無遂事者，謂人臣行事，必秉於君命，未受命不得專行也。襄十二年：「季孫宿帥師救邰，遂入鄆。」傳曰：

> 受命而救邰，不受命而入鄆，惡季孫宿也。

反之，受君命，不可更易也，文八年：「公孫敖如京師，不至而復。」傳曰：

> 不言所至，未如也；未如則未復也。未如而曰如，不廢君命也；未復
> 而曰復，不專君命也。

《春秋》因事以爲義法，公孫敖未如也，未如則未復也，未如未復而書如書復者，所以示人臣，於君命，不可廢也，不得專也，不廢不專，所以崇君上，抑臣下，以防微杜漸也。

《春秋》於大夫之專命猶惡之，其於叛臣亂賊，更是貶絕撻伐，以嚴君臣上下之分際，爲萬世立法。《補注》云：

> 桓，賊也，故無恕辭；桓，君也，故有諱義。（桓十七年）

又引葉夢得曰：

> 有《春秋》之教，有《春秋》之法。教者施之後世：曰夫人矣，不可
> 謂之奔，故言孫；法者行之其人：夫人之罪，不可容於魯，故不書氏。（莊
> 元年）

〔註4〕范《注》：「仁謂存亡國，道謂上下之禮。」

桓公，魯君也；文姜，魯夫人也，《春秋》為親者諱，故不明書其弒隱，弒桓；然弒君之賊，《春秋》之所惡也，故《春秋》有治桓之義〔註5〕，有去姓氏以貶文姜，所謂「桓，賊也，故無怨辭」，「夫人之罪不可容於魯」，皆所以誅其亂君臣之道，無王法也。

君、夫人如此，大夫亦然。昭三十二年：「公在乾侯。」《補注》引趙鵬飛曰：

　　三年之間，歲首皆書公在，存公所以誅季氏也。

此時也，季氏專魯政而逐昭公，《春秋》書公在，不與權臣亂政，并誅其以臣逐君也。

又如襄元年：「圍宋彭城。」傳曰：

　　繫彭城於宋者，不與魚石正也。

范《注》云：

　　　魚石得罪於宋，成十五年奔楚，十八年復入於彭城，然則彭城已屬魚石，今猶繫宋者，崇君抑叛臣也。

此彭城已非宋所有，而仍繫宋者，不成叛臣之逆行，以示人臣叛君，縱使成功，《春秋》不與，終不免貶絕誅伐，此正名定分，不容絲毫原宥於其間。不惟此也，為嚴誅弒上之臣，其弒嫡子，亦以弒君目之。文十四年：「齊公子商人弒其君舍。」傳曰：「舍未踰年，其曰君何也？」《補注》云：

　　　〈雜記〉曰：「君薨，大子號稱子，待猶君也。」鄭君曰：「謂未踰年也。」明凡未成為君者，皆有可成之為君之理。

故為重臣子之弒，傳曰：「成舍之為君，所以重商人之弒也。」再如趙穿之弒君，趙盾為大夫，亡不出竟，反不討賊，《春秋》書「趙盾弒其君」，此不盡乎臣道，遂坐弒逆之罪。知臣子有毫釐未盡，不純乎忠君，《春秋》責之，所以責備人臣，以定嫌疑，明是非，立臣子之大防也。

（五）兄兄弟弟

《春秋》嚴君臣名分外，亦重父子兄弟之倫常，蕭楚《春秋辨疑·兄弟總辨》云：

　　　《春秋》凡言弟者，有兄之稱，言兄者，有弟之稱，皆以親貴稱之也。

　　（卷一）

故能盡兄弟之道者，《春秋》賢之。宣十七年：「公弟叔肸卒。」傳曰：

　　　其曰公弟叔肸，賢之也。其賢之何也？宣弒而非之也。非之則胡為不

〔註5〕《穀梁》曰：「桓無王，其曰王何也？謹始也。其曰無王何也？桓弟弒兄，臣弒君，天子不能定，諸侯不能救，百姓不能去，以為無王之道，遂可以至焉爾。元年有王，所以治桓也。」（桓元年）

－67－

去也？曰：兄弟也，何去之？與之財則曰：「我足矣。」織屨而食，終身
不食宣公之食，君子以是爲通恩也，以取貴乎《春秋》。

夫宣公者，弑逆之人，其祿不可受；然兄弟無絕道，故雖非之而不去，此親親之道
也。《補注》引楊《疏》曰：

叔肸以君有大逆，不可受其祿食，又是孔懷之親，不忍奮飛，使君臣
之節兩通，兄弟之情俱暢，故取貴於《春秋》。

反之，於兄弟之倫未能盡道者，《春秋》不曾假辭，如隱元年：「鄭伯克段于鄢。」
傳曰：

段，弟也，而弗謂弟，公子也，而弗謂公子，貶之也，段失子弟之道
矣。賤段而甚鄭伯也，何甚乎鄭伯？甚鄭伯之處心積慮，成於殺也。

知《春秋》以段之不弟，故不稱弟，以鄭伯之不能「緩追逸賊」，以推兄弟之恩，成
親親之道，故書「克」以惡之，爲其處心積慮，以傷兄弟之情也。又齊桓公九合諸
侯，一匡天下，大有功於天下者也，《春秋》曾爲其諱過〔註6〕，然其弑兄奪位，《春
秋》誅之。莊九年：「齊小白入于齊。」孫覺《春秋經解》云：

于是之時，桓公始入于齊，而經書曰入，蓋小白外有子糾之難，內無
國人之助，其入于齊，未可以安而入也；書曰入，與衛侯朔入于衛等耳。
桓公小白，大有功于一時，而天下受其賜者，凡數百年，然於其入也，與
兄爭國，而竟殺之。聖人方誅其殺兄爭國之惡，則不與其功；至論其攘夷
狄，尊中國之效，又盛稱其美，蓋聖人以謂功則可取，而行猶誅之，則同
于大惡。（卷三）

可知桓公之功蓋天下，不可掩其弑兄之違逆天倫。不惟霸者如此，天王亦然。天王
者，《春秋》之所尊也，褒貶不加其身；以其善者眾，不可以一善褒，以其非惡者所
居，雖有惡，不加貶焉。〔註7〕然於兄弟之道，有所未盡，《春秋》貶之。襄三十年：

〔註6〕僖十七年滅項。《穀梁》曰：「孰滅之？桓公也。何以不言桓公也？爲賢者諱也。項，
國也，不可滅而滅之乎？桓公知項之可滅也，而不知己之不可以滅也。既滅人之國
矣，何賢乎？君子惡惡疾其始，善善樂其終，桓嘗有存亡繼絕之功，故君子爲之諱
也。」又如僖二年：「城楚丘。」《公羊》曰：「孰城？城衛也。曷爲不言城衛？滅也。
孰滅之？蓋狄滅之。曷爲不言狄滅之？爲桓公諱也。」爲桓公諱者，以成桓公攘夷
之美，不使狄滅中國也。

〔註7〕莊六年：「王人子突救衛。」孫覺《春秋經解》云：「蓋《春秋》之法，有褒則有貶，
有善則有惡，褒一善所以使善者勸，貶一惡，所以使惡者畏，無空言也。天王者，天
下之至尊，而道德之所從出，其善者眾，不可以一善褒，蓋褒者有貶之辭也，天王可
褒則亦可貶矣；故《春秋》之義，天王無褒，非無善也，其善者一褒不足以該之也，
天王無貶，非無惡也，天王之位，非爲惡者居之，雖有惡，不加貶焉。」（卷五）

「天王殺其弟佞夫。」傳曰：

> 諸侯且不首惡，況於天子乎？君無忍親之義，天子諸侯所親者，唯長
> 子母弟耳。天王殺其弟佞夫，甚之也。

蕭楚《春秋辨疑・兄弟總辨》亦云：

> 天王殺其弟，甚天王之惡也。兄弟，天倫，親莫厚焉；臨制一國，而
> 不能制其天倫之親，失政刑甚矣！何以為國？（卷一）

可知《春秋》於兄弟一倫之重視。

（六）不以親親害尊尊

文二年：「大事于大廟，躋僖公。」傳曰：

> 君子不以親親害尊尊，此《春秋》之義也。

親親者，僖為文父；尊尊者，閔為僖君。躋僖公於閔公之上，以親親害尊尊也。廖平《穀梁春秋經傳古義疏》云：

> 親親者，閨門之事也；尊尊者，朝廷之治也。閨門恩掩義，故尊不奪
> 親；朝廷義掩恩，故親不敵尊。《春秋》明王道，乃朝廷之治，故不以親
> 奪尊。母親而父尊，父親而祖尊，魯親而周尊。譏躋僖公，許莊絕母，許
> 衛輒拒父，不以魯敵周，皆不以親害尊之義也。（卷五）

哀二年：「晉趙鞅帥師納衛世子蒯聵于戚。」傳曰：

> 納者，內弗受也。何用弗受也？以輒不受也。以輒不受父之命，受之
> 王父也。信父而辭王父，則是不尊王父也。其弗受，以尊王父也。

《補注》云：

> 若辭王父之命，避不為君，志在申父，則以親親害尊尊，非重本尊統
> 之義，故《春秋》弗受者，明有尊也。

或云蒯聵父也，輒子也，輒之不受，是拒父也，故范甯云「不達此義」。廖平《釋范》云：

> 《春秋》貴命，先君所絕，臣子不能逆命迎之，此定義也。輒之所難，
> 特以所拒乃己父耳。……不從父而從王父，所以使父受命於祖，非靈公之
> 逐子，……夫使輒迎蒯聵而立之，是蒯聵死其父，輒死其祖。孝子揚美不
> 揚惡，信道不信邪，寧拒父申祖命以成其孝，不能從命迎以陷父于惡也。
> 又禮，不以家事辭王事，不能以私恩而廢國典，亦已明矣。倘蒯聵有順子，
> 則靈公有逆孫，且靈公命絕之，而輒迎之，是靈之命不信于聵，棄祖命而
> 廢父道，《春秋》拒聵，正以成父之尊于子。

故輒之尊王父，尊尊也，而亦所以親親也。若如隱之欲讓桓，而終爲桓所弒者，《春秋》責之。傳曰：

> 《春秋》貴義而不貴惠，信道而不信邪。孝子揚父之美，不揚父之惡，先君之欲與桓，非正也，邪也。雖然，既勝其邪心以與隱矣，己探先君之邪志，而遂以與桓，則是成父之惡也。兄弟，天倫也，爲子受之父，爲諸侯受之君，己廢天倫，而忘君父，以行小惠，曰小道也。若隱者，可謂輕千乘之國，蹈道則未也。（隱元年）

此云「貴義而不貴惠」者，不以親親害尊尊也。若隱者，本欲全父子兄弟之天倫，而終致忘君命之尊尊，輕千乘之國，並揚父惡，傷兄弟天倫，尊尊親親兩失矣。

二、正　心

人事本於人心，有此一心思，而後有此作爲，故欲正人事，先正人心。《春秋》者，正人心之書也。其明是非，別善惡，往往究極其行事之根源，斷於其意動之時；其心意善則褒之，其心意惡則誅之，於其事功之成敗，有所不計也。

子勤〈論傳〉云：

> 《穀梁》多特言君臣、父子、兄弟、夫婦，與夫貴禮賤兵，內夏外夷之旨，明《春秋》爲持世教之書也。《穀梁》又往往以心志爲說，以人己爲說，桓文之霸，曰信，曰仁，曰忌；僖文之於雨，曰閔，曰喜，曰不憂，明《春秋》爲正人心之書也。持世教，易知也，正人心，未易知也；然而人事必本於人心，則謂《春秋》記人事，即記人心可也。……故《春秋》非心學，亦心學也，唯傳知之。

子勤以《穀梁》最能明《春秋》論心之說。如齊桓、晉文，爲《春秋》之二霸，同以尊周室，攘夷狄，見賢於《春秋》。傳曰：

> 桓會不致，安之也，桓盟不日，信之也，信其信，仁其仁。（莊二十七年）

以齊桓開誠佈公，得信於諸侯，故衣裳之會，未嘗有歃血之盟，《穀梁》與其信，與其仁者，以其誠心也。而於晉文之侵伐曹衛，傳曰：「忌也。」（僖二十八年）以其爲忌者，當其時也，晉文爲霸，其輔周室，興義師，當先及魯，以其乞楚師伐齊也；當先及陳蔡，以其從楚而圍宋也。其侵曹衛者，徇私以報怨也。初，重耳在外，過曹衛，衛文公不禮焉，出重耳等於五鹿，使乞食於野人；曹共公聞其駢脅，欲觀其裸浴〔註8〕，是皆無禮於文公，故文公報之。就事功言，當時楚得曹婚衛，以「外楚」爲義，則曹衛有可伐之道；然依心論之，徇私也。《補注》云：

〔註8〕曹衛之不禮晉文，參見《左傳》僖二十三年。

晉文初念，實主修怨，故經以忌爲義。

此論其心也。

又《補注》之論子胥有罪，以爲「尊君卑臣」，其言曰：

> 君者，臣之天，天無二日，土無二王，……雖得壯士偏節，失純臣之
> 大道。（定四年）

竊以爲此亦當以心論之，如傳所言，子胥曰：「蔡非有罪，楚無道也，君若有憂中國之心，則若此時可矣。」是其以有道伐無道之君，則無爲不可，不可責以君臣之道；若其以父被誅，起吳兵以報私讎，是猶晉文之侵曹伐衛，是可非也。

再如僖公之閔雨，喜雨，文公之不憂雨，傳曰：

> 有志乎民者也。（僖三年）

> 無志乎民者也。（文二年）

皆論其心志是否繫乎庶民之安樂疾苦以爲說。又如「鄭伯克段于鄢」（隱元年）、「晉趙盾弒其君夷皋」（宣二年），傳曰：

> 何甚乎鄭伯？甚鄭伯之處心積慮，成於殺也。

> 君弒，反不討賊，則志同，志同則書重，非子而誰？

此種義正辭嚴之筆，縱如鄭莊之狡獪陰險，趙盾之呼天申冤，亦皆不得辭以辯。其所謂「處心積慮」，所謂「志同」，皆論其意志之動，皆所以誅其心也。

三、尊　王

傳曰：

> 朝服雖敝，必加於上，弁冕雖舊，必加於首，周室雖衰，必先諸侯。
> （僖八年）

此正名定分，上下尊卑之序，不容強弱時勢而改易，欲其禮樂征伐復出天子，朝覲訟獄，歸諸京師。以下明《春秋》尊王之義。

（一）貴王命

天王之命，《春秋》貴之，所以尊天王也。其貴王命，何由見之？首見於班序上下。僖八年：「公會王人、齊侯、宋公、衛侯、許男、曹伯、陳世子款盟于洮。」傳曰：

> 王人之先諸侯何也？貴王命也。朝服雖敝，必加於上，弁冕雖舊，必
> 加於首，周室雖衰，必先諸侯。

王人，卑者也，雖微賤，以其天子之所遣也，班序於諸侯之上，所以貴王命，尊天王也。且尊王之義，禮法綱統之所繫也，不以諸侯勢強，王室衰微而改易，此孔子

迴挽禮法於不墜之苦心也。成十七年：「公會尹子、單子、晉侯、齊侯、宋公、衛侯、曹伯、邾人伐鄭。」序王卿士於霸主之上者，亦所以貴王命，並繫征伐於天子也。

　　除班序上下，有以書國之例加諸天子使臣之上者，有卑者而稱名以貴之者，隱七年：「天王使凡伯來聘，戎伐凡伯于楚丘以歸。」傳曰：

　　　　凡伯者何也？天子之大夫也。國而曰伐，此一人而曰伐何也？大天子之命也。

此以王者使臣一人當一國，大王臣所以尊天王者也。莊六年：「王人子突救衛。」傳曰：

　　　　王人，卑者也，稱名，貴之也。

范《注》引徐乾曰：

　　　　王人者，卑者之稱也，當直稱王人而已；今以其能奉天子之命，救衛而拒諸侯，故加名以貴之。

此以奉王命而稱名以貴之者也。

　　以上或先序王人，或大王臣，或稱名貴之，以示貴王命；反之，有以逆王命而貶之者。莊五年：「公會齊人、宋人、陳人、蔡人伐衛。」傳曰：

　　　　是齊侯宋公也，其曰人何也？人諸侯所以人公也。其人公何也？逆天王之命也。

此以天王不欲立衛惠公朔，而魯公、齊侯、宋公、陳侯、蔡侯共伐衛以納朔，是逆王命也，故《春秋》皆稱人以示貶。此以逆王命而遭貶，亦所以示《春秋》之貴王命也。

　　至如僖二十八年，諸侯盟會，天子巡守，同一地也，而於諸侯書「會于溫」，於天子則書「守于河陽」，傳曰：

　　　　會于溫，言小諸侯，溫，河北地；以河陽言之，大天子也。

范《注》云：

　　　　溫、河陽同耳。小諸侯，故以一邑言之；尊天子，故以廣大言之。

此大天王所至之地，雖異於先王人，大王臣之大天王命，而其所以大天王則一也。

（二）無褒貶

　　《春秋》之法，有褒有貶，有善有惡，褒一善所以使善者勸，貶一惡，所以使惡者畏，《左傳》所謂「《春秋》懲惡而勸善」（成十四年）也。惟天子者，天下之至尊也，《春秋》不予褒貶。莊六年：「王人子突救衛。」《補注》引陸淳曰：

　　　　天子無上，無以褒之，故褒子突，則王美可見也。

又引孫覺曰：

> 《春秋》之義，天王無褒，非無善也，其善者眾，不可以一善褒也；
> 天王無貶，非無惡也，天王之位，非爲惡者居之，雖有惡，不加貶焉。故
> 善天王之救衛，而書子突之字，貶王師之敗績，而以自敗爲文。蓋曰天王
> 無褒，又其善不可掩也，則褒其臣；天王無貶，又其惡不可諱也，則書王
> 師之自敗，所以推尊而責備之也。

其無褒無貶者，所以尊王也。

（三）為天王諱

諱者，不斥言也，避其名而遜其辭，以盡愛敬之道也。《春秋》爲尊者諱，爲賢
者諱，爲親者諱；尊莫大於天王，故《春秋》爲天王諱。

桓五年：「蔡人、衛人、陳人，從王伐鄭。」傳曰：

> 舉從者之辭也。其舉從者之辭何也？爲天王諱伐鄭也。鄭，同姓之國
> 也，在乎冀州，於是不服，爲天子病矣。

范《注》云：

> 鄭，姬姓之國，冀州則近京師，親近猶不能服，則疏遠者可知。

此以天王之尊，親近如鄭者，尚且不服，而舉兵親征，是天子之病也，故《春秋》
舉從者之辭，使若王命諸侯伐鄭，以蔡、衛、陳主其事，不以王主其事，不使天子
首兵也。《補注》云：

> 若不欲爲舉從者之辭，當先言天王伐鄭，而後言蔡人、衛人、陳人從。

今舉從者之辭者，爲天王諱親征也。

僖二十八年：「公會晉侯、齊侯、宋公、蔡侯、鄭伯、衛子、莒子盟于踐土。」
傳曰：

> 諱會天王也。

范《注》曰：

> 實會天王，而文不言天王，若諸侯自共盟然。

踐土之盟，襄王在也，不書者，不與晉文致天子，所以爲天王諱也。是年冬，諸侯復
盟于溫，下書「天王守于河陽」，「公朝于王所」，此晉文再致天子，不書者，范《注》
云：

> 以臣召君，不可以訓，因天子有巡守之禮，故以自行爲文。

以自行爲文，乃諱天王之受召，所以尊天王也。成元年：「王師敗績于貿戎。」傳
曰：

不言戰，莫之敢敵也，爲尊者諱敵不諱敗。

所謂不言戰，所謂諱敵者，以王者至尊，無敵於天下，諸侯不得伉之，故書自敗之文，明王師自取之，以示天下無二尊，人莫敢敵；莫敢敵，故不言戰。

以上諱天王之親征，諱天王之受召，諱戰天王，皆所以尊天王也。

（四）賢尊周

齊桓，霸也，控大國，扶小國，繼絕世，舉滅國，率諸侯以尊周，故《春秋》賢之。

莊十六年，諸侯同盟于幽，傳曰：

> 同者，有同也，同尊周也。

《補注》云：

> 齊桓勃興，始與諸侯共會盟以尊周，《春秋》深與之，因加言同，以
> 顯其事。

當是時，周室微弱，諸侯不朝，齊桓爲霸，獨能率諸侯共輔王室，故《春秋》特賢之。何賢爾？曰：褒美其功，掩諱其惡。如僖九年：「秋九月戊辰，諸侯盟于葵丘。」傳曰：

> 桓盟不日，此何以日？美之也。爲見天子之禁，故備之也。

莊十六年書邾子克卒，傳曰：「其日子，進之也。」《補注》引杜預曰：

> 蓋齊桓請王命以爲諸侯。

僖元年之救邢，傳曰：

> 非救而日救何也？遂齊侯之意也。

同年之城邢，傳又曰：

> 美齊侯之功也。

再如莊二十七年，亦曰：

> 桓會不致，安之也，桓盟不日，信之也，信其信，仁其仁。

此皆見《春秋》之褒美齊桓也。

至齊桓之過，《春秋》諱之。如僖十七年之滅項，傳曰：

> 孰滅之？桓公也。何以不言桓公也？爲賢者諱也。項，國也，不可滅
> 而滅之乎？桓公知項之可滅也，而不知己之不可以滅也。既滅人之國矣，
> 何賢乎？君子惡惡疾其始，善善樂其終，桓嘗有存亡繼絕之功，故君子爲
> 之諱也。

知《春秋》以齊桓有存亡繼絕之功，率諸侯，朝王室，九合諸侯，一匡天下，故以

為賢，而諱其過。又《公羊》亦有諱齊桓之說，僖二年城楚丘，《公羊》曰：

> 孰城？城衛也。曷為不言城衛，滅也。孰滅之？蓋狄滅之。曷為不言
> 狄滅之？為桓公諱也。曷為為桓公諱？上無天子，下無方伯，天下諸侯有
> 相滅亡者，桓公不能救，則桓公恥之也。

又僖十四年之城緣陵，亦其類也。

　　齊桓控大國，扶小國，率諸侯同尊周，故《春秋》賢之，為其褒功掩惡。《春秋》之賢尊周，亦可知其尊天王矣。

四、與　霸

　　《春秋》尊王已如前論，然其於霸者何？由前所論，《春秋》於齊桓，褒美其功，掩諱其惡，則《春秋》之賢霸而不賤霸已略可窺見，茲復論述之。

　　《補注》引許瀚曰：

> 觀隱十年，見兵革之亂也，桓十一年來，見盟會之亂也；霸統興起，
> 則無復此亂，諸侯有所一矣。（桓十二年）

當時也，天子微弱，諸侯專政，叛而不朝，紛爭四起，私盟交迭，眾暴寡，強劫弱，南蠻北狄交侵中國。霸者興，存亡國，繼絕世，攘夷狄，率諸侯以朝覲周室，而諸侯有所同矣。何同耶？同尊周也，同外楚也。

　　莊二十七年，諸侯之盟幽也，傳曰：

> 桓會不致，安之也，桓盟不日，信之也。信其信，仁其仁。衣裳之
> 會十有一，未嘗有歃血之盟也，信厚也，兵車之會四，未嘗有大戰也，
> 愛民也。

此以齊桓能率諸侯，同尊微弱之周室，《春秋》書之，以明其會盟之誠信，愛民之仁心，得眾於諸侯，使諸侯知所適從，而成齊桓之為霸也。莊三十年，齊侯之伐山戎也，傳曰：

> 桓內無因國，外無從諸侯，而越千里之險，北伐山戎，危之也。則非
> 之乎？善之也。何善乎爾？燕，周之分子也，貢職不至，山戎為之伐矣。

傳以千里伐山戎為危，然而善者，燕為周之封域，受伐於山戎，不得朝於周，桓公伐之，勤王職貢也。僖四年，齊桓率諸侯侵蔡，蔡潰，傳曰：

> 侵蔡而蔡潰，以桓公為知所侵也。不土其地，不分其民，明正也。

傳以為正者，蔡侯不恤民人，上下潰散，桓公伐之，是知所侵也；又且不據其地，不俘其民，是霸者存恤鄰國之義也，故傳以為正。再如僖四年之盟召陵，桓會諸侯，楚子不與盟，桓公質屈完以「菁茅之貢不至」，此皆見諸侯之不朝覲，不恤民人者，

《春秋》與齊桓以專征之權也。

晉之霸亦然，僖二十八年：「晉人執衛侯，歸之于京師。」傳曰：

> 此入而執，其不言入何也？不外王命於衛也。

此晉人者何？晉侯也，其稱人以執者，執有罪也，正晉文之執也。此入也，而不言入，明晉文銜王命爲霸討也。衛爲王土，而晉銜王命，故不書入，不書入即不罪晉文，亦即與霸者之專征伐也。

除專征外，僖九年之盟葵丘也，傳曰：

> 桓盟不日，此何以日？美之也。爲見天子之禁，故備之也。葵丘之盟，陳牲而不殺，讀書加于牲上，壹明天子之禁，曰：毋雍泉，毋訖糴，毋易樹子，毋以妾爲妻，毋使婦人與國事。

此王法也，桓明之，以示於天下諸侯，而《春秋》書日，求備以美齊桓，是與霸者之輔王室，代行王法也。

再如文十四年同盟于新城，宣十七年同盟于斷道，襄三年同盟于雞澤，昭十三年同盟于平丘，傳四發「有同也，同外楚也」，《補注》於同盟新城云：

> 齊霸同盟同尊周，晉霸同盟同外楚，晉盟至此言同者，時楚強盛，晉不能制，非若文襄之世，不疑不同。

知晉文公、襄公之後，此四時楚勢最盛，傳發「同外楚」者，明其攘夷之責也，而《春秋》既責其攘夷之功，則亦與其霸矣。

且者，《春秋》於霸者，時有內之之辭，而於諸侯之同盟者，視爲與國，於諸侯之背盟者，則譏貶之。江愼中《春秋穀梁傳條指》云：

> 《春秋》於二伯屢有內之之文，如齊獻戎捷，傳以爲內齊侯，新臣卒不書地，屈完盟特言來，傳皆以爲內；桓師城楚丘、戍陳之屬，傳或曰專辭，或曰內辭是也。

又云：

> 以二伯統率諸侯，故凡附二伯者皆與之，如諸小國列於會盟，則視爲與國，而志其卒葬是也。其叛二伯者皆貶之，如鄭伯逃歸，陳侯逃歸之屬，則以其去諸侯，而以賤辭書之是也。他如鄭伯髠原未見諸侯，特言如會以致其志；平丘之同盟，公亦以不與見譏；鄭背晉伐許，則夷狄之；若是之類，皆所以明系統之所在，而鞏固伯權也。〔註9〕

由上之成其霸，專征伐，示王法，同外楚，從霸與之，背霸貶之，及前論尊王

〔註 9〕見該文〈論立伯統〉，《國粹學報》第七十一期，頁 3 至 4，宣統 2 年 9 月 20 日出版。

於霸者之褒美諱惡，足見《春秋》既尊王，而亦與霸也。《補注》云：

> 孟子言仲尼之徒，無道桓文之事，荀卿、董仲舒亦言仲尼之門，五尺
> 之豎子，言羞稱五伯，孟子又言不爲管仲，言以齊王猶反手，言王不待大，
> 文王以百里，與夫司馬遷〈列傳〉，劉向《新序》，言管仲能霸不能王，故
> 孔子小之。凡此，亞聖之權辭，後儒之推說也。夫桓文之事，備載於經，
> 《論語》稱之，不必無道而羞稱也。管仲尊周室，豈宜以齊王，夫子小其
> 德，非以霸小之。至孟子，則其時有異，故夫子爲東周，謂行周於魯，孟
> 子王齊、梁，則謂代周而王，而論管仲亦異也。（莊十三年）

子勤之論甚是。蓋時移勢異，管仲以尊周爲歸，何能以齊王？至孟子時，周已名
存實亡，尊無可尊，故勸諸侯以霸，何如勸諸侯以王？況崇王道，實至聖、亞聖
之所同也，所謂《春秋》書王法，霸者究非常經，乃一時之權宜耳。蕭楚《春秋
辨疑》云：

> 方天下之政，王者之事，諸侯無小大，皆專而行之，僭亂甚矣。王綱
> 既絕，華夏浸微，夷蠻張橫，恣取攫噬，天下亂又甚矣！而齊桓晉文，爲
> 盟爲會，于戰于伐，使威信復申于列后，內者同獎王室，外則同捍四夷，
> 文武之祚，振起于霞墜之辰，衣冠之俗，脫血于虎狼之口，可不謂彼善於
> 此者歟？嗚呼！前此有拒王命者，有怒王而取其禾者，有陳列與王戰者，
> 顧諸侯于王室何如哉？魯衛望風畏楚，俛首交好，陳鄭曹蔡之君，奔走不
> 暇，顧中國于四夷何如哉？（卷四）

又云：

> 仲尼之徒，無道桓文之事者，……然天下之行，皆不善矣，有近善者
> 焉，吾無以進之，則貪惡者獲肆矣；天下之事，皆不正矣，有近正者焉，
> 吾無以進之，則敗常者獲逞矣！烏能撥亂而反之正哉？（卷四）

故成霸者，雖非義理之極至，亦非《春秋》述作之指歸，傳所謂「仁不勝道」者是
也。然謂《春秋》不崇霸可也；謂《春秋》賤霸不可也。

五、攘　夷

（一）外夷狄

文十四年，諸侯同盟于新城，傳曰：

> 同者，有同也，同外楚也。

何以外楚？楚，夷狄也。何以見其夷狄也？召陵之盟，齊桓責楚臣以「菁茅之貢不
至，故周室不祭」。（僖四年）

《公羊》亦曰：

> 楚有王者則後服，無王者則先叛，夷狄也，而亟病中國，南夷與北狄交，中國不絕若綫。（僖四年）

此指楚之不能如諸夏之朝貢周室，又僭位稱王，屢侵中國，故夷狄之。傳又曰：

> 秦越千里之險，入虛國，進不能守，退敗其師，徒亂人子女之教，無男女之別，秦之爲狄，自殽之戰始也。（僖三十三年）

又曰：

> 何以謂之吳也？狄之也。何謂狄之也？君居其君之寢，而妻其君之妻，大夫居其大夫之寢，而妻其大夫之妻，蓋有欲妻楚王之母者。不正乘敗人之績，而深爲利，居人之國，故反其狄道也。（定四年）

此謂秦、吳亂人子女，無男女之別，居人之寢，妻人之妻，非華夏之行，故視爲夷狄。

莊十八年：「公追戎于濟西。」傳曰：

> 其不言戎之伐我何也？以公之追之，不使戎邇於我也。于濟西者，大之也。何大焉？爲公之追之也。

《補注》云：

> 濟西猶言河陽，不限於地名，……大公者，華戎之辭。

此謂書追者，當先有戎之伐魯，而後魯公追之。今不書戎伐魯者，不使夷狄得以進犯中國也。反之，魯公之攘退夷狄也，不限稱於何地，而舉濟西之廣以包之，有大美魯公禦戎之意。《補注》所謂「華戎之辭」者，略夷狄而大魯公也。又如僖二年之城楚丘，《公羊》曰：

> 孰城？城衛也。曷爲不言城衛？滅也。孰滅之？蓋狄滅之。曷爲不言狄滅之？爲桓公諱也。

陳柱《公羊家哲學》云：

> 然則狄已滅之，而仍不言狄滅之者，所以爲桓公諱也，爲桓公諱，所以成桓公攘夷之美也。〔註10〕

再如僖二十一年：「楚人使宜申來獻捷。」傳曰：

> 其不曰宋捷何也？不與楚捷於宋也。

范《注》云：

> 不與夷狄捷中國。

〔註10〕見該書〈攘夷說〉，頁91，大通，59年6月初版。

反之，中國於夷狄則明書之，如莊三十一年「齊侯來獻戎捷」是也。又如昭八年之葬陳哀公，傳曰：

> 不與楚滅，閔之也。

《補注》云：

> 既以不與楚滅，而變滅國不葬之例，又閔哀公身死國亡，徒爲楚所葬，故志葬也。

此謂陳爲楚所滅，哀公亦楚所葬，依滅國不葬之例，不當書葬，而所以書葬者，《春秋》不與夷狄滅中國；又閔哀公身死，爲夷狄所葬，故仍書之，使若陳國猶存，陳之臣民葬之也。

以上皆明《春秋》異華夷之書法，昭四年之「不與吳封」、「不與楚討」，亦其例也；皆《公羊》所謂「內諸夏而外夷狄」（成十五年）也。

由上所述，知夷狄之行，《春秋》惡之，貶之；追戎攘夷，《春秋》大之，美之；內諸夏，外夷狄，書法有異，皆可見《春秋》嚴華夷之辨，所以外夷狄也。

（二）行中國進之，行夷狄退之

哀十三年，傳曰：

> 黃池之會，吳子進乎哉！遂子矣。吳，夷狄之國也，祝髮文身，欲因魯之禮，因晉之權，而請冠端而襲，其藉于成周以尊天王，吳進矣。吳，東方之大國也，累累致小國以會諸侯，以合乎中國，吳能爲之，則不臣乎？吳進矣。王，尊稱也；子，卑稱也；辭尊稱而居卑稱，以會乎諸侯，以尊天王。吳王夫差曰：「好冠來。」孔子曰：「大矣哉！夫差未能言冠而欲冠也。」

此謂吳本夷狄之國，而能欽慕中國，欲行周禮，去僭稱之王號，以尊天王，故《春秋》進之而稱子。定四年：「蔡侯以吳子及楚人戰于伯舉。」傳曰：

> 吳其稱子何也？以蔡侯之以之，舉其貴者也。蔡侯之以之，則其舉貴者何也？吳信中國，而攘夷狄，吳進矣。其信中國而攘夷狄奈何？……子胥曰：「蔡非有罪，楚無道也，君若有憂中國之心，則若此時可矣。」爲是興師而伐楚。

此以吳助中國，以伐無道之楚，是有憂中國之心，故《春秋》進稱吳子。再如襄二十九年：「吳子使札來聘。」傳曰：

> 吳其稱子何也？善使延陵季子，故進之也。身賢，賢也；使賢，亦賢也。

此以吳君能使賢以交中國，故《春秋》進之。

以上皆明夷狄有中國之行者，《春秋》進之，所以勸夷狄行禮義也。然其不能常行中國之道者，《春秋》返之。如前述吳助中國，以伐無道之楚，《春秋》善其有憂中國之心，故進稱吳子，然吳復行狄道，故去其貴名，返其狄稱。定四年：「吳入楚。」傳曰：

> 何以謂之吳也？狄之也。何謂狄之也？君居其君之寢，而妻其君之妻，大夫居其大夫之寢，而妻其大夫之妻，蓋有欲妻楚王之母者，不正乘敗人之績，而深爲利，居人之國，故反其狄道也。

夷狄有中國之行者，《春秋》進之；反之，中國有夷狄之行者，《春秋》亦從而夷狄之。《補注》引程子曰：

> 禮一失則爲夷狄，再失則爲禽獸，愚觀《穀梁》兩傳，而知聖人有憂之也。是故中國詳之，夷狄略之，中國也而夷狄，則亦略之。……君臣父子之教，有時而不論，中國夷狄者也。（文元年）

此謂中國詳之，夷狄略之者，《春秋》詳內略外之例也。如中國之君卒，例書日，詳之也；夷狄之君卒，不書日，略之也。而中國之君，篡立不正，所謂君臣父子之教，有時而不論者，則亦略其日，以同於夷狄，以其夷狄之行也。如僖十四年：「冬，蔡侯肸卒。」傳曰：「諸侯時卒，惡之也。」楊《疏》引麋信曰：

> 肸父哀侯，爲楚所執，肸不附中國，常事父讎，故惡之。

是以蔡侯有夷狄之行，故卒略書時以惡之也。又如成三年：「鄭伐許。」范《注》云：

> 鄭從楚而伐衛之喪，又叛諸侯之盟，故狄之。

《補注》引何休亦云：

> 謂之鄭者，惡鄭襄公與楚同心，數侵伐諸夏。自此之後，中國盟會無已，兵革數起，夷狄比周爲黨，故夷狄之。

此以鄭雖中國，而從夷狄伐諸夏，故亦狄之。傳又曰：

> 秦越千里之險，入虛國，進不能守，退敗其師，徒亂人子女之教，無男女之別，秦之爲狄，自殽之戰始也。（僖三十三年）

范《注》云：

> 明秦本非夷狄。

本非夷狄，而今夷狄之者，以其行狄道也，故《春秋》退之。又此與前論之夷狄有中國之行者進之，可知《春秋》華夷之辨，非以血統爲據，乃以禮義文化斷之。

（三）夷狄雖進不與同中國

夷狄有中國之行者，則進之，然夷狄之進，不與同中國。定四年：「蔡侯以吳子

及楚人戰于伯舉。」傳曰：

> 何以不言救？救大也。

范《注》云：

> 夷狄漸進，未同於中國。

《補注》云：

> 《疏》曰：「案狄救齊，亦是善事，而得書救者，狄雖書救，未得稱
> 人，許夷狄，不使頓備也；今吳既進稱子，復書曰救，便與中國齊蹤，故
> 不與救。」……文烝案：不書其救，而書蔡侯之以，仍不沒其救之實也。
> 舉其貴以進之，又不言救以抑之，猶宣十一年明楚之討有罪，又不使夷狄
> 爲中國。

此謂吳與楚戰，所以救蔡也。然而不書救者，救有褒美之意，既已稱子以進之矣，
若復褒美之，則與中國齊蹤，故不書救；而僖十八年「狄救齊」之書救者，以其稱
狄，而未書其族名，如楚、莒、吳之等，故不嫌其同於中國。然《春秋》變文，不
沒其實，故書「蔡侯以」，以存其救蔡之實。又如宣十一年：「楚人殺陳夏徵舒。」
傳曰：

> 此入而殺，其不言入何也？外徵舒於陳也。其外徵舒於陳何也？明楚
> 之討有罪也。

此進夷狄也，然下經又書：「楚子入陳。」傳曰：

> 入者，內弗受也，日入，惡入者也。何用弗受也？不使夷狄爲中國也。

《補注》云：

> 以夷狄治中國而討罪，不可以訓，故於此還從弗受常例，若不使得然。
> 苟非夷狄，則須有特異之文，以當入文矣。

明《春秋》雖稱人以殺，以示楚之討有罪，然楚欲治陳政，則書入以示弗受，傳所
謂「不使夷狄爲中國」也，若中國爲之，則不書入矣。此皆明夷狄有賢行，雖進之，
然猶不得比列於中國也。故《補注》云：

> 《春秋》於楚，先州之，後乃人之，後乃有君，有大夫，有師，猶以
> 夷狄視之；於吳皆國之，最後乃爵之；於於越，始終國之，以三國皆夷俗，
> 不可治以周禮，雖有賢君大夫，猶夷也。（哀十三年）

六、弭　兵

　　夫兵也者，不祥之器；戰也者，死事也。君子以不忍人之心，行不忍人之政，
豈忍爲之哉？故《春秋》抑崇武，謹侵伐，善止兵，貴和盟，茲論述之。

（一）抑崇武謹侵伐

桓六年：「秋八月壬午，大閱。」傳曰：

> 修教明諭，國道也；平而脩戎事，非正也。其日，以爲崇武，故謹而日之。

夫古時四時田獵，以習用戎事，所謂存不忘亡，安不忘危，固國之道也。然脩戎事不得其時，有崇尚武備之嫌，故《春秋》謹志其事以抑之。至於其征伐侵略，《春秋》貶之。隱二年：「無侅帥師入極。」傳曰：

> 苟焉以入人爲志者，人亦入之矣。

《補注》云：

> 天道好還，貪兵必死；己所不欲，勿施於人。

《春秋》之日尋干戈，征戰頻起，其根源在我欲入人之國，人亦入我之國，故於此開篇明義，貶無侅，以爲侵略者戒。又隱五年宋人之圍長葛，六年之取長葛，明載之者，傳以爲「久之」也。范《注》云：

> 古者師出不踰時，重民之命，愛民之財，乃暴師經年，僅而後克，無仁隱之心，而有貪利之行。

此種好戰，漠視民命之野蠻行徑，《春秋》惡之，故詳載以誅其身而示來者，《補注》所謂「明經意深疾之」者是也。

（二）善止兵貴和盟

《春秋》抑崇武，故尚止兵，隱元年：「公及邾儀父盟于眛。」《補注》云：

> 盟會者，所以繼好息民，邾與魯最近，爲好於魯，《春秋》尤重之，故不言邾克，而言邾儀父，《左傳》所謂貴之也。

襄三十年，傳曰：

> 澶淵之會，中國不侵伐夷狄，夷狄不入中國，無侵伐八年，善之也。

《補注》云：

> 全經十一卷，從未有三年之外，不見中國夷狄滅、入、圍、戰、侵、伐之事者，獨襄二十七年盟宋，以訖昭三年，絕無滅入圍戰侵伐之事。昭元年雖有取鄆、敗狄二事，而鄰近之爭，曠遠之役，固與諸滅入圍戰侵伐者異例。君子作《春秋》，愛民重眾而惡戰，習亂既久，則好始治，故於澶淵特見善者，乃善其不事兵戎，同恤災患，其事其時，前後僅見也。

君子哀人民之流離於戰亂，是以偶逢弭兵，乃特書其善，以顯和平之可貴。

（三）講武備反侵略

《春秋》抑崇武謹征伐，貴和盟尚弭兵，已如前論，然亦不排除武備，傳曰：

> 雖有文事，必有武備。（定十年）

又曰：

> 修教明諭，國道也。（桓六年）

前所云，君子不忍驅人以死，然為止侵略者之暴虐攻伐，不得已而用之，不能不為之備，其目的在以戰止戰，以少數之死，易多數之生，傳曰：

> 伐不踰時，戰不逐奔，誅不填服。（隱六年）

皆所以明戰者，不得已而為之，乃以戰止戰，無為趕盡殺絕，故孔子之答衛靈公問陳，雖曰：

> 軍旅之事，未之學也。（《論語・衛靈公》）

然其答子貢問政卻曰：

> 足食，足兵，民信之矣。（《論語・顏淵》）

此足兵者，非以為侵略，以禦外侮也，非以為興戰，以止戰也，傳屢言「善救某」者〔註11〕，善其能制侵伐之國以止戰，《補注》所謂「凡救皆善」（莊六年）者是也。

至華夏之攘夷狄而戰，《春秋》不抑者，傳曰：

> 聖人立，必後至；天子弱，必先叛。（莊十年）

《公羊》亦曰：

> 有王者則後服，無王者則先叛。（莊十年）

知其一則止其侵伐中國，一則以其未受禮樂教化，有華夷之辨之大義存焉，不純以兵戰論也。

七、行　權

經者，常也，乃吾人應遵循之倫常規範也；權者，乃非常之際，不得行常道，而臨危制變所采之合宜處置之謂也。蕭楚《春秋辨疑・逐事辨》云：

> 聖人之于臣子，有責其守經事者，有予其適變事者，責其守經事者，嚴上下之分也；予其適變事者，通一時之權也。（卷三）

所謂「嚴上下之分」者，依循倫常規範，適於平時，守經也；「通一時之權」者，反於經而合於道也，適於非常之時，通變也。

吾人之得以行權者，以其雖不合於一般之行為準據，然亦不失為非常時期之適切處置，此亦是所當是之是，而非游移是非兩可之間，《穀梁》所謂「變之正」也。如僖五年：「公及齊侯、宋公、陳侯、衛侯、鄭伯、許男、曹伯會王世子于首戴。」

〔註11〕如莊六年「善救衛」，二十八年「善救鄭」，僖六年「善救許」，十五年「善救許」等是。

「諸侯盟于首戴。」傳曰：

> 桓，諸侯也，不能朝天子，是不臣也；王世子，子也，塊然受諸侯之
> 尊己，而立乎其位，是不子也。桓不臣，王世子不子，則其所善焉何也？
> 是則變之正也。天子微，諸侯不享覲，桓控大國，扶小國，統諸侯，不能
> 以朝天子，亦不敢致天王，尊王世子于首戴，乃所以尊天王之命也。世子
> 含王命，會齊桓，亦所以尊天王之命也。世子受之可乎？是亦變之正也。
> 天子微，諸侯不享覲，世子受諸侯之尊己，而天王尊矣，世子受之可也。

是其時天子微，諸侯不朝覲久矣，齊桓率諸侯以朝王世子，雖不合於常道，亦有以
尊天王之命矣，故不責其不臣；而王世子承父命受諸侯之尊己，以其時言之，亦足
以尊天王矣，故不責其不子，皆所謂變之正也。

又如襄二十九年：「仲孫羯會晉荀盈、齊高止、宋華定、衛世叔儀、鄭公孫段、
曹人、莒人、邾人、滕人、薛人、小邾人城杞。」傳曰：

> 古者天子封諸侯，其地足以容其民，其民足以滿城以自守也，杞危而
> 不能自守，故諸侯之大夫相帥以城之，此變之正也。

范《注》云：

> 諸侯微弱，政由大夫，大夫能同恤災危，故曰變之正。

《補注》云：

> 盟首戴時，政在諸侯，故變之正指諸侯；城杞時，政在大夫，故變之
> 正又指大夫。觀傳所言，知《春秋》之義，因時而殊矣。

此謂諸侯為天子所封，諸侯大夫不得專封之，而其時，天子微，諸侯失權，政由大
夫，諸大夫能恤杞之災危，故《春秋》與之。《補注》引趙鵬飛曰：

> 權正不並用，仁義不兩立，權足以濟時，君子捨其正，仁足以安天下，
> 君子不責其義。（襄二十七年）

皆貴其行權也。實則，足以濟時，則正矣，足以安天下，則義矣，權正得並用，仁
義不相悖，其依用之時機有常變之異耳。子勤所謂「《春秋》之義，因時而殊」者，
即謂規範準據，得因時而變通也。

權之為用，不僅此也，更有進者，子勤〈論經〉云：

> 知禮者可與立，知《春秋》者可與權。權者，立之極至也。

此所謂知禮可立者，遵守一般之規範常道，足為立身行事之基礎，而其極致，則需
行權達變，不泥於一曲，而能惟道是適。此所謂道者，義也，宜也，人之所當為也，
此一準據，或有高於一般之經常者，傳論宋襄之敗於泓曰：

> 道之貴者時，其行勢也。（僖二十二年）

廖平《穀梁春秋經傳古義疏》云：

> 雖合於道，未合於時，《春秋》譏之，如宋公守常訓而敗於齊〔註12〕。
> 雖反乎道，而合於時，《春秋》許之，如築館於外，大夫城杞，會王世子，
> 傳以為得變之正是也。晉文曳柴以敗楚，《春秋》猶伯之；伯之但取攘夷
> 之功，不責用兵之詐。今楚強宋弱，必須多謀善將，乃能勝之，守常不變，
> 泥古不通，卒使楚橫中國，幸晉文起而攘之，中國乃定，事有反經合道，
> 此類是也。（卷四）

夫信者，人與人交，國與國交所當守之常經也，使詐誑人，計謀陷人，反常也，非
吾人所當為也；然其用兵攘夷，事有非常，其行詐似不合於經，然合於道，此道者，
攘夷之義也，循此義而不計其小信者，行權也。

又如《春秋繁露・竹林篇》之論「宋人及楚人平」：

> 司馬子反為其君使，廢君命，與敵情，從其所請，與宋平，是內專政
> 而外擅名也。專政則輕君，擅名則不臣，而《春秋》大之，奚由哉？曰：
> 為其有慘怛之恩，不忍餓一國之民，使之相食。推恩者，遠之而大；為仁
> 者，自然而美，今子反出己之心，矜宋之民，無計其間，故大之也。（卷
> 三）

夫尊君者，人臣之道也，所謂經也。今子反專政擅名，輕君不臣，而《春秋》大之
者，以其有慘怛之恩，孟子所謂「惻隱之心，人皆有之」者也。此人類良知善性之
道德判準，超越於人為規範之政治倫常。此時也，子反惟見饑者之可憫，不見楚莊
之為君，其良知善性之發用，凌駕於國界、君臣小節之上，此似反經，然合道也，
義也，行權也。

　　實則，此類行權所依循之義，高於一般之常理，如攘夷之於信，良知之於君臣，
此似反經，而實未反經也，似行權，而亦可謂循常也；此常，大常也，此經，大經
也。此大經大常亦可名曰道，其層次高於相對之「經」與「權」之上，此道貫乎經
與權，而經與權同具道之成分，故可以似反經（與「權」相對之「經」），而未反經
（此「經」即「道」）；似行權，而亦可謂循常（此「常」即「道」）也。

　　如上所云：其理據超越於一般常理者，得以捨經而用權，惟權之為用，須一以
義為歸。合乎義者為知權，反之，不能度義而行，要功生事，擅改常道，是為妄作，
不得為知權。如宣十一年：「楚人殺陳夏徵舒。」傳曰：

> 此入而殺也，其不言入何也？外徵舒於陳也。其外徵舒於陳何也？明

〔註12〕齊當作楚。

楚之討有罪也。

下經又云：「納公孫寧、儀行父于陳。」傳曰：

> 納者，內弗受也。輔人之不能民而討，猶可；入人之國，制人之上下，
> 使不得其君臣之道，不可。

可而曰猶可者，可者，權也，猶可者，明非經也。《補注》引孔穎達《左傳正義》曰：

> 魯無弓矢之賜，陳恆弑君，孔子請討之者，春秋之時，見鄰國篡逆，
> 亦得專征伐。

征伐，天子之事也，無弓矢之賜不可討者，王法也，經也。其時也，天子不能討，
霸者見篡逆之事，亦得行權專征，然其道在輔人之國，若踰此界，以制人上下，則
不合於義，已非權之為用，故《補注》云：

> 言為他國討賊之道，若但以輔人則猶可；若如下所云，入人以制人，
> 則不可也。

又如桓十一年：「宋人執鄭祭仲，突歸于鄭。」《公羊》以為知權，《穀梁》則以為惡
祭仲。《公羊》曰：

> 祭仲者何？鄭相也。何以不名？賢也。何賢乎祭仲？以為知權也。其
> 為知權奈何？……宋人執之，謂之曰：「為我出忽而立突。」祭仲不從其
> 言，則君必死，國必亡；從其言，則君可以生易死，國可以存易亡，少遼
> 緩之，則突可故出，而忽可故反，是不可得則病，然後有鄭國。古人之有
> 權者，祭仲之權是也。權者何？權者反於經，然後有善者也。權之所設，
> 舍死亡無所設，行權有道，自貶損以行權，不害人以行權，殺人以自生，
> 亡人以自存，君子不為也。

《穀梁》則曰：

> 死君難，臣道也，今立惡而黜正，惡祭仲也。

范甯云：

> 以廢君為行權，是神器可得而窺也。（《穀梁集解·序》）

《補注》引劉敞亦曰：

> 若祭仲知權者，宜效死勿聽，使宋人知雖殺祭仲，猶不得鄭國，迺可
> 矣。且祭仲謂宋誠能以力殺鄭忽而滅鄭國乎？則必不待執祭仲而劫之矣；
> 如力不能，而夸為大言，何故聽之？且祭仲死焉足矣，又不能，是則若強
> 許焉，還至其國而背之，執突而殺之可矣，何故黜正而立不正。……若仲

之爲者，《春秋》之亂臣也。

劉敞之駁甚是。且《公羊》之論權，以生死爲判準，其理不高；當以義爲斷。苟義矣，殺人以自生，亡人以自存，亦無不可；苟不義矣，雖有善，得以使亡者存，死者生，不爲也。孟子所謂「舍生取義」也。又祭仲此時，既屈以從宋，力足以爲後日逐突以立忽乎？是未可必也。是則假權之名，以爲僭竊之實，劉敞所謂亂臣也。

隱四年：「衛人立晉。」傳曰：

> 衛人者，眾辭也。立者，不宜立者也。晉之名惡也，其稱人以立之何也？得眾也。得眾則是賢也，賢則其曰不宜立何也？《春秋》之義，諸侯與正而不與賢也。

陳柱《公羊家哲學·經權說》云：

> 隱四年經書曰：「衛人立晉。」傳發之曰：「其稱人何？眾之所欲立也。眾雖欲立，其立之非也。」何休釋之曰：「凡立君爲眾，眾皆欲立之，嫌得立無惡，故使稱人，明聽眾立之，爲立篡也。」然則《公羊》家之意，以謂眾皆欲立，而可以立者，當時之權；而必明其立之之非者，恐後世藉口以行篡也。是蓋於不可之中著其可以明權；於可之中著其不可以明經。

〔註13〕

此皆明權之不得擅用，常經大法，不可輕易，《補注》云：

> 傳以凡諸義兵爲可，而曰猶者，諸侯未賜弓矢。（宣四年）

知義兵輔人之國以行權，乃一時之宜，所謂有伊尹、周公之志則可，無伊尹、周公之志則不可。須知經乃萬世常行之道，權爲不得已而用之，不可習用不返，以變爲常，易常爲變也。

權，難知也，守常有法，應變無方。《補注》引程子曰：

> 《春秋》大義數十，炳如日星，乃易見也，唯其微辭隱義，時措從宜者爲難知也。（襄二十六年）

此所謂時措之宜者，權也。王陽明亦云：

> 是非兩字，是箇大規矩，巧處則存乎其人。（〈傳習錄下〉）

此所謂巧處，在如何辨個是中之非，非中之是，似是之非，似非之是。此須博求事務，權衡其輕重，從宜適變，務求其順理而合義，此非知幾能權者，不能通其窈奧。

〔註13〕頁203，大通，59年6月初版。

第二節　經傳義例之發明

一、志　疑

　　《春秋》在辨是非，寓襃貶，然有似是之非，似非之是，故視人所惑以明之，因人之疑而書之，以解人之惑，釋人之疑。桓六年：「子同生。」傳曰：

> 疑，故志之。

《補注》云：

> 案《左傳》十八年，文姜如齊，齊侯通焉。彼時莊年已十三，次年而即位，人共見之，無所可疑。其所以疑者，時謂姜氏未嫁，已亂其兄，……君子案：史記既書夫人至，又志子同生，使習其讀者，知夫人嫁魯，四年而生子，中間無如齊出會之事，則文姜雖惡，疑可釋矣。〈內則〉說：「大夫士生子，夫告宰名。宰書曰『某年某月某日某生』而藏之，宰告閭史，閭史書爲二。」以是推諸侯之禮，魯史書生，必不止此，君子於此獨存之，其爲以疑特志，不亦明乎？

《穀梁注疏考證》張照曰：

> 夫齊襄通魯，魯豈能不書於冊，君行師從，豈能儵而來，忽而逝。傳曰：「疑，故志之。」無可疑也。（卷三）

知魯書生者非一，而獨存子同之生者，當時或疑莊公（連堂案：即子同）爲文姜通齊襄所生，故志疑以破疑，明桓三年九月「夫人姜氏至自齊」，至六年九月子同生，三年之中，姜氏無出境之事，齊襄無至魯之文，疑非所疑也。

　　莊二十二年：「春王正月，肆大眚。癸丑，葬我小君文姜。」肆大眚者，赦其大過也。范《注》云：

> 文姜罪應誅絕，誅絕之罪不葬，若不赦除眾惡而書葬者，嫌天子許之，明須赦而後得葬。

故《春秋》書肆大眚者，以釋葬文姜之疑。不然，文姜淫而害夫，法所不赦，不得書葬，而經書之，人將疑惑不明。又如桓公之以弟弒兄，以臣弒君，而仍君之，文姜之弒夫也，而仍夫人之，人所疑也。《補注》云：

> 桓不可爲公，而王不討，疑若可也，故將公之，則先謹之也；文姜不可爲夫人，而子念母，疑若可也，故既夫人之，而又貶之也。（僖八年）

此謂桓無王，元年書王以謹之；文姜弒夫，故書「夫人孫于齊」（莊元年），而不書姓氏以貶之，皆所以釋桓得爲公，文姜得爲夫人之疑。

　　此《春秋》因人之疑而志之。

二、書　重

《春秋》之法，舉重而書，以其重可以包輕，而輕不足以包重也。以下就《春秋》書重之例，舉例以明之。

（一）書君不書某師

隱四年：「宋公、陳侯、蔡人、衛人伐鄭。」《補注》云：

君將常文皆稱君，皆不加言帥師者，《公羊》云「書重」是也。

所謂書重者，君行師從，稱宋公、陳侯，而不書宋師、陳師，以明君重於師也。

（二）書某師不書某帥師

隱五年：「衛師入郕。」傳曰：「將卑師眾曰師。」

范《注》云：

書其重者也，將卑謂非卿。

以其非卿，是卑者，重不如眾，故稱師而不稱某帥師。若將尊師眾，重其將，則稱某帥師，如隱四年：「翬帥師會宋公、陳侯、蔡人、衛人伐鄭。」翬為公子，其位尊，故稱翬帥師；若將卑師少，則惟稱人，無重可書也，如隱十年「宋人、蔡人、衛人伐載」是也。而桓十三年：「春二月，公會紀侯、鄭伯。己巳，及齊侯、宋公、衛侯、燕人戰，齊師、宋師、衛師、燕師敗績。」傳曰：

戰稱人，敗稱師，重眾也。

以其重眾，故戰書燕人，而敗稱燕師，並有大美魯鄭救紀之義。

（三）書伐國不書圍邑

傳曰：

伐國不言圍邑，舉重也。（襄十二年）

范《注》云：

伐國重，圍邑輕，舉重可以包輕。

范說是也。然《春秋》有書伐國，復書圍邑者，以其事非常，《春秋》變文以見義也。

如隱五年：「宋人伐鄭，圍長葛。」傳曰：

伐國不言圍邑，此其言圍何也？久之也。

范《注》云：

古者師出不踰時，重民之命，愛民之財，乃暴師經年，僅而後克，無仁隱之心，而有貪利之行，故圍伐兼舉以明之。

此乃特筆，變常例以見義，餘則舉重書伐國不書圍邑。

（四）書敗不書戰

隱十年：「公敗宋師于菅。」傳曰：

> 內不言戰，舉其大者也。

《補注》云：

> 大猶重也，敗重於戰，言敗則戰可知，故舉重而書。

（五）外災重則書

莊二十年：「齊大災。」傳曰：

> 其志，以甚也。

范《注》云：

> 外災不志，甚，謂災及人也。

《補注》云：

> 災及人，故大；大，故志，重人也。宋災、伯姬卒，與此相似，雨、
> 螽及沙鹿、梁山崩，皆以害大變重，志於魯策，亦此之類。

明《春秋》之例，外災不書，然若災甚害大則書，以重書也。

（六）以位尊受責

宣二年：「晉趙盾弒其君夷皋。」傳曰：

> 盾曰：「天乎！天乎！予無罪。孰爲盾而忍弒其君者乎？」史狐曰：「子
> 爲正卿，入諫不聽，出亡不遠，君弒，反不討賊，則志同，志同則書重，
> 非子而誰？」

夫弒君者，趙穿也，書趙盾者，盾爲正卿，有入諫、討賊之責，今居尊位，而不能
盡其責，故書以罪之；非以赦穿，所以明盾之罪重也。

（七）以重地當國

僖二年：「虞師、晉師滅夏陽。」傳曰：

> 非國而曰滅，重夏陽也。……夏陽者，虞、虢之塞邑也，滅夏陽而虞、
> 虢舉矣。

滅者，滅國也，夏陽，邑也，而曰滅，以其邑重若國，夏陽不存，則虞、虢亡矣，
故書夏陽不書虢。

由上述之論，知《春秋》之例，舉重而書。

三、書尊及卑

正名分，定尊卑，序上下，別內外，《春秋》之教也。然則何由見之？書尊及卑，

書內及外之例也。

桓二年：「宋督弒其君與夷，及其大夫孔父。」傳曰：

> 孔父先死，其曰及何也？書尊及卑，《春秋》之義也。

此謂孔父先與夷而死，理當書「宋督弒其大夫孔父，及其君與夷」，然則，《春秋》定名分、立尊卑者也。孔父，大夫也，卑者也；與夷，君也，尊者也，卑不可以及尊，故不使孔父及與夷也。《補注》云：

> 凡及皆以尊及卑，君臣也，夫婦也，內外也，主客也，華夷也，一也。

（桓二年）

《補注》以內外、主客、華夷亦屬「以尊及卑」者，概言之也。今以內外、主客、華夷三者，另立「以內及外」之例，而補「王臣先諸侯」、「大國先小國」於「以尊及卑」之下，各舉例以明。

僖十年：「晉里克弒其君卓，及其大夫荀息。」成十五年：「公會晉侯、衛侯、鄭伯、曹伯、宋世子成、齊國佐、邾人，同盟于戚。」序卓於荀息之上，序宋、齊大夫於晉侯、鄭伯之下，以君及臣也。

僖八年：「公會王人、齊侯、宋公、衛侯、許男、曹伯、陳世子款盟于洮。」成十七年：「公會單子、晉侯、宋公、衛侯、曹伯、齊人、邾人伐鄭。」此以王臣先諸侯者，以王臣代天王，亦以君及臣之類也。而序齊侯、晉侯於宋公之上者，大國先小國之例也。又成十七年序宋於齊上者，齊為人臣，宋為君，不以臣先君也。

僖十一年：「公及夫人姜氏會齊侯于陽穀。」以夫及婦也，夫為尊，婦為卑，以夫及婦者，以尊及卑也。

以君及臣，以王臣先諸侯，以大國先小國，以夫及婦，皆以尊及卑也。不惟此也，於物亦然。定二年：「雉門及兩觀災。」傳曰：

> 先言雉門，尊尊也。

實則，災自兩觀始，然兩觀卑也，雉門尊也，卑不可以及尊，故書「雉門及兩觀災」，此亦「宋督弒其君與夷，及其大夫孔父」之類也。可見《春秋》於尊卑名分之謹嚴。

四、以內及外

莊十九年：「公子結媵陳人之婦于鄄，遂及齊侯、宋公盟。」文二年：「公孫敖會宋公、陳侯、鄭伯、晉士穀，盟于垂歛。」公子結、公孫敖，人臣也，齊侯、宋公、陳侯、鄭伯，人君也。以公子結、公孫敖及齊侯、宋公者，《春秋》魯史，以親及疏，以內及外，《公羊》所謂「內其國而外諸夏」（成十五年）也。

隱五年：「邾人、鄭人伐宋。」邾，小國也，鄭，大國也，以邾序鄭上者，范《注》云：

> 邾主兵，故序鄭上。

又成二年：「衛孫良夫帥師及齊師戰於新築。」《左傳》曰：

> 衛侯使孫良夫、石稷、甯相、向禽將侵齊。

知以衛及齊者，乃衛主兵，衛主齊客，主者內也，外者客也，以主及客者，以內及外也。

宣十二年：「晉荀林父帥師及楚子戰于邲。」荀林父，人臣也，楚子，人君也，以荀林父及楚子者，以華及夷也。襄五年：「仲孫蔑、衛孫林父，會吳于善稻。」亦其類也。以華及夷者，亦以內及外也，《公羊》所謂「內諸夏而外夷狄」（成十五年）也。

以內及外，以主及客，以華及夷，皆以內及外之屬也。

五、前目後凡

《春秋》書例，有前目後凡以省文者，僖五年：「夏，公及齊侯、宋公、陳侯、衛侯、鄭伯、許男、曹伯會王世子于首戴。秋八月，諸侯盟于首戴。」《補注》引《公羊》曰：

> 諸侯何以不序？一事而再見者，前目而後凡也。

又引何休曰：

> 省文從可知。

知後書諸侯，而不目序齊侯、宋公云云者，以其同一事，故舉凡以包之，為省文之例。僖六年：「秋，諸侯遂救許。」此諸侯為六年夏伐鄭之諸侯，不序列者，亦其例也。而昭十三年：「秋，公會劉子、晉侯、宋公、衛侯、鄭伯、曹伯、莒子、邾子、滕子、薛伯、杞伯、小邾子于平丘。八月甲戌，同盟于平丘。」後一經不序列劉子、晉侯云云者，省文也。又「諸侯」二字亦略去者，以其兩經文連書，中間無事，不若僖六年夏秋兩經文之間，尚有「楚人圍許」之事，不書「諸侯」，嫌其不明；而僖五年夏秋之會盟首戴，中間亦無事，而舉「諸侯」者，傳曰：

> 無中事而復舉諸侯何也？尊王世子而不敢與盟也。

明首戴之盟，王世子未與，故書諸侯以別於前會。

六、發　凡

王師熙元先生《穀梁范注發微》云：

　　　　治學之道，貴乎通其倫類也。所謂通其倫類者，求其凡例之謂也，必

　　　歸納其凡例，而後乃能以簡馭繁，得其統貫焉。〔註14〕

《穀梁》解經，有發經之凡例者，如「入者內弗受也」（隱八年），「會者內爲主焉爾」

（隱九年），此雖未明書「凡」字，而實即爲經發凡；至范注《穀梁》經傳，亦曾歸

納經傳凡例以明之〔註15〕，如「凡書取國皆滅也」（隱十年），此爲經發凡也，「凡

非正嫡則謂之嫌」（隱四年），此爲傳發凡也；而子勤《補注》，於《穀梁》經傳凡例，

而范《注》未盡者，亦多所發明，以下分經傳，各舉四例以明。

（一）爲經發凡

1. 隱七年：「天王使凡伯來聘，戎伐凡伯于楚丘以歸。」

　　《補注》：「凡言伐者皆國也。」

　　連堂案：《補注》發凡經例，有傳已釋之，而《補注》歸納而得者，如此例傳已
　　有「國而曰伐」之釋，而《補注》據以發凡。凡伐皆國者，如桓五年：「蔡人、
　　衛人、陳人，從王伐鄭。」莊九年：「公伐齊納糾。」

2. 隱八年：「鄭伯使宛來歸邴。」

　　《補注》：「凡田邑實我取言取，實彼歸言歸，皆史文之舊也。」

　　連堂案：此並爲取、歸發凡。《補注》謂史文之舊者，謂魯史舊文，《春秋》無
　　筆削諱文於其間。書取之例如隱十年：「夏六月辛未，取郜。辛巳，取防。」僖
　　二十二年：「公伐邾，取須句。」書歸之例如宣十年：「齊人歸我濟西田。」定
　　十年：「齊人來歸鄆讙龜陰之田。」

3. 隱十年：「宋人、蔡人、衛人伐載，鄭伯伐取之。」

　　《補注》：「伐取之、殺之、用之、刺之，凡句末言之者，皆緩辭例，與日有食
　　之亦同也。」

　　連堂案：其例如莊九年：「齊人取子糾殺之。」僖十九年：「邾人執鄫子用之。」

4. 僖十七年：「滅項。」

　　傳曰：「孰滅之？桓公也。何以不言桓公也？爲賢者諱也。」

　　《補注》云：「承上齊人言滅，則是桓公可知，故可爲諱。凡諱皆不沒其實也。」

　　連堂案：此非爲經文發例，經文無「諱」字者，此乃爲《春秋》之書法發凡，
　　謂《春秋》有諱筆，然所諱皆不沒其實。說見本節下文〈論諱〉。

〔註14〕頁 476。
〔註15〕參見王師熙元先生《穀梁范注發微》第三章第三節之〈歸納凡例以說之〉。

（二）為傳發凡

1. 隱元年傳曰：「雖無事必舉正月，謹始也。」

   《補注》：「凡傳言謹者，皆謂詳其文以慎其事。」

   連堂案：其例如隱八年：「秋七月庚午，宋公、齊侯、衛侯，盟于瓦屋。」傳曰：「外盟不日，此其日何也？諸侯之參盟于是始，故謹而日之也。」昭十一年：「夏四月丁巳，楚子虔誘蔡侯般殺之于申。」傳曰：「稱時、稱月、稱日、稱地，謹之也。」

2. 隱元年：「天王使宰咺來歸惠公仲子之賵。」

   傳曰：「仲子者何？惠公之母，孝公之妾也。禮，賵人之母則可，賵人之妾則不可，君子以其可辭受之。」

   《補注》：「凡言君子者，謂修《春秋》之君子也。孔門或稱師為君子，故《論語》曰：『君子不以紺緅飾。』『君子溫而厲也。』」

   連堂案：此謂傳云「君子」者，指孔子之謂。其例如隱二年：「以國氏者，為其來交接於我，故君子進之也。」僖十二年：「管仲死，楚伐江滅黃，桓公不能救，故君子閔之也。」

3. 隱元年：「天王使宰咺來歸惠公仲子之賵。」

   傳曰：「其志，未及事也。」

   《補注》：「凡傳言其志者，猶《公羊》言何以書。」

   連堂案：此以《公羊傳》文，類比《穀梁》之文辭，而為之發凡。其例如莊十一年：「王姬歸于齊。」傳曰：「其志，過我也。」《公羊》曰：「何以書？過我也。」莊二十年：「齊大災。」傳曰：「其志，以甚也。」《公羊》曰：「何以書？記災也。」

4. 隱元年傳曰：「寰內諸侯，非有天子之命，不得出會諸侯，不正其外交，故弗與朝也。」

   《補注》：「《春秋》之義，主於撥亂反正，凡傳或言『不正其』云云，或言『非正也』，皆以明君子取義所在。」

   連堂案：其例如莊二十七年：「莒慶來逆叔姬。」傳曰：「來者，接內也。不正其接內，故不與夫婦之稱也。」桓十四年：「宋人以齊人、衛人、蔡人、陳人伐鄭。」傳曰：「以者，不以者也，民者，君之本也，使人以其死，非正也。」

七、兩文互見

　　《春秋》之文，屬辭比事以見義，其中之是是非非，即見於其詳略異同之間，前後相顧，彼此互明，周密謹嚴，經義賅備而無遺。《補注》云：

> 凡《春秋》之義，多以兩文相對而見。（襄二十七年）

襄十六年：「春三月，公會晉侯、宋公、衛侯、鄭伯、曹伯、莒子、邾子、薛伯、杞伯、小邾子于溴梁。戊寅，大夫盟。」而二十七年：「豹及諸侯之大夫盟于宋。」傳曰：

> 溴梁之會，諸侯在，而不曰諸侯之大夫，大夫不臣也，晉趙武恥之；豹云者，恭也，諸侯不在，而曰諸侯之大夫，大夫臣也，其臣恭也，晉趙武爲之會也。

由十六年之諸侯會，而大夫盟，與二十七年諸侯不在，而書諸侯之大夫盟，比而觀之，而《春秋》與臣及誅不臣之義顯。

　　《補注》云：

> 楚世子商臣與公子比，兩文相對爲義：商臣弒日，則爲謹之；比弒不日，則不弒也。蔡世子般與許世子兩文相對爲義：般弒不日，則爲夷之；止弒日，則不弒也，其義互相易。（襄三十年）

此以《春秋》書臣子弒君爲例，或日爲謹其弒，或日爲不弒，或不日爲夷之，或不日爲不弒。文元年：「冬十月丁未，楚世子商臣弒其君髡。」傳曰：

> 日髡之卒，所以謹商臣之弒也。

昭十三年：「夏四月，楚公子比自晉歸于楚，弒其君虔于乾溪。」傳曰：

> 弒君者日，不日，比不弒也。

昭十九年：「夏五月戊辰，許世子止弒其君買。」傳曰：

> 日弒，正卒也；正卒，則止不弒也。

襄三十年：「夏四月，蔡世子般弒其君固。」傳曰：

> 其不日，子奪父政，是謂夷之。

其義互易者，范《注》引徐乾曰：

> 凡中國君正卒，皆書日以錄之，夷狄君卒，皆不日以略之，所以別中國與夷狄。夷狄弒君而日者，閔其爲惡之甚，謹而錄之，中國君卒例日，不以弒與不弒也，至于卒而不日者，乃所以略之，與夷狄同例。（襄三十年）

知商臣與公子比相對爲義，皆從夷狄之例，以不日爲常，故書日爲謹之。許世子與蔡世子相對爲義，皆從中國之例，以書日爲正卒，故明止不弒，以不書日爲有故，故去日以夷蔡般，皆所謂兩文以見義也。而中國與夷狄書例有異，亦相對爲義，所以見中國夷狄之有別也。

再如桓六年:「秋八月壬午,大閱。」傳曰:

> 平而脩戎事,非正也。

昭八年:「秋,蒐于紅。」傳曰:

> 正也,因蒐狩以習用武事,禮之大者也。

《補注》云:

> 傳於大閱曰:「平而脩戎事,非正也。」謂大閱之禮,當因四時田獵
> 行之,明蒐與大蒐之禮,必於秋蒐行之矣。彼傳以平而脩戎事爲非正,此
> 傳曰:「因蒐狩以習用武事,禮之大者。」其意正互相發。

《補注》謂其意互相發者,正謂其兩文相對爲義,明大閱與蒐皆例時,「蒐于紅」書秋,以見其合於禮,「大閱」書月書日,以見其非正,傳所謂「其日,以爲崇武」也,如此一正,一非正,而戎武之義始見賅備。

再如僖十五年:「晉侯及秦伯戰于韓,獲晉侯。」宣二年:「宋華元帥師及鄭公子歸生帥師戰于大棘,宋師敗績,獲宋華元。」兩文比而觀之,晉未敗,而晉侯已獲,明晉侯失民,軍將未能死君命,《春秋》責之;而宋師已敗,華元始見獲,明華元能得眾心,雖被獲,而《春秋》無貶責之義,如此對顯,則一失民,一得眾,其義顯然。

八、屬辭比事

《禮記‧經解》云:

> 屬辭比事,《春秋》教也。

孔穎達《正義》云:

> 屬,合也;比,近也。《春秋》聚合會同之辭是屬辭,比次褒貶之事
> 是比事也。(卷五十)

毛奇齡《春秋屬辭比事記》云:

> 夫辭何以屬?謂夫史文之散漶者宜合屬也。事何以比?謂夫史官所載
> 之事,畔亂參錯而當爲之比以類也。(卷一)

《春秋》載朝聘會盟,崩薨卒葬,侵伐圍戰,奔逃執歸諸事,其用辭記事,時有異同詳略之別,而其是非褒貶之義,亦即於此詳略異同之間見之,故欲明《春秋》之義,必得識其辭之連屬,事之比類,以見其上下內外之殊分,輕重淺深之弗齊,此詳彼略以省文,兩文互見以全義,而明其是非,識其褒貶。

(一)修其辭以取其義

〈論經〉云:

　　　　孟子曰：「其事則齊桓晉文，其文則史，孔子曰：『其義則丘竊取之
　　　　矣。』」此言《春秋》以義爲重也。《公羊》述孔子之言曰：「其辭則丘有
　　　　罪焉爾。」此又言《春秋》以辭爲重也。其實義即是辭，辭即是義，……
　　　　義者內之意，辭者外之言，《公羊》所述，即孟子所述，而《史記》引孔
　　　　子曰：「《春秋》以道義。」亦同旨也。是故君子之脩《春秋》，脩其辭以
　　　　取其義也。

莊四年：「紀侯大去其國。」傳曰：

　　　　大去者，不遺一人之辭也，言民之從者，四年而後畢也，紀侯賢，而
　　　　齊侯滅之，不言滅，而曰大去其國者，不使小人加乎君子。

就史實言，此齊滅紀也，文本當書「齊侯滅紀」，然《春秋》不以史爲重，乃以義爲
歸，故就其實以脩其辭取其義，而書曰「紀侯大去其國」。不然，則去者，奔也，書
滅又書奔，則若紀侯不能死社稷，則紀侯之賢，隱沒不彰矣。又不以「大去」爲罪
紀侯者，得於不書滅見之。此者，《春秋》抑無道之強齊，以揚有道之紀侯，是所以
爲教也，傳所謂「不使小人加乎君子」者是也。

宣二年：「晉趙盾弒其君夷皋。」傳曰：

　　　　穿弒也，盾不弒，而曰盾弒何也？以罪盾也。……盾曰：「天乎！天
　　　　乎！予無罪。孰爲盾而忍弒其君者乎？」史狐曰：「子爲正卿，入諫不聽，
　　　　出亡不遠，君弒，反不討賊，則志同，志同則書重，非子而誰？」故書之
　　　　曰「晉趙盾弒其君夷皋」者，過在下也。曰：於盾也見忠臣之至，於許世
　　　　子止見孝子之至。

《補注》引楊《疏》云：

　　　　《春秋》必加弒於此二人者，所以見忠孝之至故也。忠孝不至，則加
　　　　惡名，欲使忠臣睹之，不敢惜力，孝子見之，所以盡心，是將來之遠防也。

又引蘇轍曰：

　　　　言忠臣之至，孝子之至者，所以爲教也。

知就史實言，趙盾、許止皆未嘗弒君，而《春秋》書弒者，欲求臣之至忠，子之至
孝，以垂法後世也。

　　又如齊桓晉文，賢者也，《春秋》於二者，多所曲諱，此《春秋》將以成其義，
全其功，以垂訓後世，故其屬辭，有特筆在焉。如滅項不言「遂」，踐土之盟不書「天
王」是也。僖十七年，齊人、徐人伐英氏，夏，滅項，滅項者，齊桓也，然不書「夏，
遂滅項」者，有微旨也。蓋齊桓之功著矣，齊桓之事終矣，然仍有滅項之失，《春秋》
不明書其滅者，以其有衛中國之功，且示善善樂其終也。此非爲齊桓飾非，欲後人

睹《春秋》之遯避其辭，以見不善，而勉爲善者之令終也；至如晉文踐土之盟之諱召天王亦然，皆欲成《春秋》之義，以垂訓後世也。〔註16〕此足見《春秋》之修其辭以取其義也。

惟修其辭者，並非掩沒其實，是因事以明義，而非改事以制義，沈善登《補注‧書後》云：

> 權以權輕重，而輕重實生權；度以度長短，而長短實生度。聖人之於
> 《春秋》，亦因其本有之差次分劑與爲權度焉已耳。

知《春秋》雖以義爲重，並以義權度史事，而此義之典範，實來自史事，故仍以不誣史實爲歸，使錄其實事，而善惡自形其中，所謂「義即是辭，辭即是義」。雖筆削以行權，有不書，有變文，有特筆，有日月之法，雖議義甚詳，然其文仍是紀事之文。故雖書「大去」，書「弒其君」，書「公朝於王所」，不書「遂」，然齊侯之滅紀，趙盾、許止之未嘗弒君，晉文之致天王，齊桓之滅項，皆昭昭然彰也，皆足推見以至隱也。

（二）重明義不在記事少多

《春秋》所重在義，記事所以明義，故義明足矣，不在記事少多。子勤〈論傳〉云：

> 夫《春秋》之爲事，非董狐、南史、左史倚相、左丘明、司馬遷、班
> 固之事也；乃欲以據事直書求之，或以網羅浩博，考核精審求之，不亦淺
> 乎？

范《注》引徐邈亦曰：

> 事仍本史，而辭有損益。……若夫可以寄微旨而通王道者，存乎精義
> 窮理，不在記事少多。（僖三十二年）

又如《公羊》家有所謂據亂世、升平世、太平世，此義也，非事也，徐彥《疏》云：

> 當爾之時，實非太平，但《春秋》之義，若治之太平於昭定哀也；
> 猶如文宣成襄之世，實非升平，但《春秋》之義而見治之升平然。（隱元
> 年）

皆足明《春秋》所重在義法，而不在記事，此《春秋》所以簡要若是也。

九、論　諱

《春秋》書法，有所謂諱者。何謂諱？蕭楚《春秋辨疑》曰：

〔註16〕參見蕭楚《春秋辨疑》卷三〈諱辨〉。

> 諱者何？不斥言也；避其名而遜其辭，以盡愛敬之道也。（卷三）

然則，為誰而諱？傳曰：

> 為尊者諱恥，為賢者諱過，為親者諱疾。（成九年）

知諱者，乃於尊者、賢者、親者之失，不直指其名，不直斥其辭，而為之避名曲辭，以盡愛親、敬賢之道，此亦《春秋》之義也。

惟諱有其法，曰：諱莫如深，曰：有所不諱，茲分述如下。

（一）諱莫如深

諱者，所以盡愛親敬賢之義也。苟未能深諱，則其事猶顯，諱不得其諱，則於愛敬有不盡也。傳曰：

> 諱莫如深，深則隱；苟有所見，莫如深也。（莊三十二年）

《補注》云：

> 文雖深諱，事不竟沒，隱而有不隱者焉，則深諱可也。

此諱惡之心，惟恐所藏不深，所諱未盡，而其跡尚顯，則有失諱之本意，故欲諱則從其深。如公子慶父弒子般，出奔於齊，恥也，疾也；季子賢也，不能即討賊，過也。然子般、慶父，魯君臣也，親也；季子，親且賢也。《春秋》為親者諱，為賢者諱，故書「如齊」以諱「奔」，使若慶父之未弒也，未奔也，如也，此諱文之幽深者也。

（二）有所不諱

上雖云「諱莫如深」，然則《春秋》，史書也，雖重其義，仍不沒其實，是因其事以明義，非改其事以見義，不然，事義全隱，欺誣後人有之矣，而愛親敬賢未必也。故諱莫如深必得有其條件，即傳所謂「有所見」，《補注》所謂「文雖深諱，事不竟沒，隱而有不隱者焉」。《補注》又云：

> 有所不諱，而後所諱顯，若全沒其實，亦不得謂之諱。（成元年）

所謂《春秋》微而顯，隱而著者是也。不然，是因諱而失實，掩非以養奸，此未可也。故有一諱，必有一見，諱以避指斥之言，見以著莫見乎隱之義，務使其諱雖深，其事甚著，如上所舉慶父弒子般奔齊，經不言賊臣之奔，而但言如，是諱文之幽深者。其文幽深，則其事隱微，惟事雖隱，必有所見，見者，閔公之繼故不言即位也。繼故，則般之被弒可知，而慶父之弒般而奔明矣。

又如文二年：「春三月乙巳，及晉處父盟。」傳曰：

> 不言公，處父伉也，為公諱也。何以知其與公盟？以其日也。何以不
> 言公之如晉？所恥也。

此以公如晉，盟于晉都，晉君不出，而使大夫與公盟，卑公太甚，是魯公之恥也。《春秋》為魯諱恥，故不言「公及陽處父盟」，使若內卑者與外卑者盟。然仍有所見，傳所謂「以其日也」。故《補注》云：

> 緣盟既書日，不嫌非公，得以成其諱文。

不然，苟無所見，不得諱也。

十、論史法經法

（一）史在紀實經在立義

〈論經〉云：

> 韓子〈答劉秀才論史書〉曰：「凡史氏褒貶大法，《春秋》已備之矣。後之作者，在據事跡實錄，則善惡自見。」司馬光作《通鑑》，於〈魏紀〉特言之曰：「臣今所述，止欲敘國家之興衰，著生民之休戚，使觀者自擇其善惡得失，以為勸戒，非若《春秋》立褒貶之法，撥亂世反諸正也。」

知史者，在求客觀、忠實之載述，梁啟超《中國歷史研究法》云：

> 吾以為今後作史者，宜於可能的範圍內，裁抑其主觀，而忠實於客觀，以史為目的，而不以為手段，夫然後有信史。〔註17〕

其所謂「以史為目的」，所謂「信史」者，皆表明史之要旨在求真，在求據事實錄。至於讀史可鑑往知來，識前人之善惡得失，以為勸戒，則亦於客觀史實中自擇之。鄭樵《通志‧總序》云：

> 史冊以詳文該事，善惡已彰，無待美刺。讀蕭曹之行事，豈不知其忠良；見莽卓之所為，豈不知其凶逆。

經則不然，其用心在寓褒貶，別善惡，在微言大義，在撥亂反正，史事者，不過借以達此目的之手段。故經為取義，有其主觀之取捨，此兩者之大別也。子勤〈論經〉云：

> 讀《春秋》者當知其辭之深微隱約，而不可以史家之學求之。

即明兩者之不同。

（二）史法求備故詳，經法取義故略

史在紀實，故求其詳文該事，史文愈詳備，欲能得其真，而經在取義，義見則止，故經文簡略。

隱四年：「莒人伐杞，取牟婁。」《補注》云：

> 內外諸取邑，史必備文，君子於外取邑皆略去，其存之者欲以見義，

〔註17〕頁32，中華，70年6月台14版。

外圍邑亦然。

又引汪克寬曰：

> 隱公以後，爭地爭城，殺人盈野，諸侯城邑，得失無常，不足悉書，
> 故《左傳》言取地，而經不書取者甚多。

可見史實求備，凡取邑，爭城，史必備載，此《左傳》所以詳贍也。經則不然，無關於義者，皆略去不載，其存之者，欲以見義也。傳曰：

> 諸侯相伐取地於是始，故謹而志之也。

明《春秋》載「莒人伐杞取牟婁」，在取「謹始」之義，其餘無義可取者，不悉書，此《春秋》所以簡略也，皮錫瑞《經學通論》云：

> 計當時列國赴告，魯史著錄，必十倍於《春秋》所書，孔子筆削，不
> 過十取其一，蓋惟取其事之足以明義者，筆之於書，以爲後世立法，其餘
> 皆削去不錄。〔註18〕

皮氏魯史十倍於《春秋》之說，雖未必然，然史法求詳，經法取義之說則是也。

（三）史例經例之不同

史爲求眞求備，經爲立法見義，旨意不同，書法亦別，史有史例，經有經例，史例以據事直書爲原則，經例則有筆削，有修辭，有日月例，有諱尊諱賢諱親等書法。隱四年：「翬帥師會宋公、陳侯、蔡人、衛人伐鄭。」傳曰：

> 翬者何也？公子翬也。其不稱公子何也？貶之也。

《補注》云：

> 不可以史法論也。史法隨時記事，文有常體，自不得以後事追正前文矣。

此筆削也。翬之弑隱公在七年後，經法立褒貶，故削去「公子」，直書其名，以預貶之，若史法則不得以後事追正前文，此處當據實書「公子翬」也。昭十三年：「蔡侯盧歸于蔡，陳侯吳歸于陳。」傳曰：

> 此未嘗有國也，使如失國辭然者，不與楚滅也。

《補注》云：

> 稱爵稱名而言歸，是諸侯失國之辭，以失國辭言之，若其本有國，明
> 不與夷狄滅中國，茍可以寄其意者，即寄之也。

此修辭也。書歸者若有國然，而實者，陳於昭八年，蔡於昭十一年，兩國皆已爲楚所滅，經爲寄「不與楚滅」之意，故修之如此也。隱元年「冬十二月，祭伯來。」

《補注》曰：

〔註18〕見〈春秋之部〉「論《春秋》借事明義之旨」條。

何休曰:「月者,爲下卒也。」例見下四年注。案:來朝時者,經例
也,史例皆月。

此日月例也。閔二年:「公子慶父出奔莒。」傳曰:

其曰出,絕之也,慶父不復見矣。

《補注》云:

慶父後雖被逼縊死,經爲魯諱,又諱季子之行誅,故不復記。

此削也,諱親諱賢也。史實舊文當詳載慶父出奔,及季子逼縊慶父,今經不復見者,
爲賢者諱,爲親者諱也。由上之論,可知史例經例之不同。

(四)史法經法不可截然分之

史例經例之不同,已如上述,然兩者非可以截然分之也,〈論經〉云:

黃氏(連堂案:指黃澤)所獨得者,史法經法之說也,趙汸繼黃而加
詳,其大致亦自足取,但因求詳之故,遂欲舉史法經法截然分之,則非也。

夫史法既變爲經法,則其所遵用史法者,亦皆經法。

是經法有據史法而來者。隱三年傳曰:「外大夫不卒,此何以卒之也?」《補注》云:

不卒者,經例因史例也。

此所謂「經例因史例」,經法由史法而來者,經存舊史而足以見義之類也。僖十九年
傳曰:

梁亡,鄭棄其師,我無加損焉,正名而已矣。

《補注》云:

其或在史舊文,已足見義,其名既正,不須加損,則此梁亡、鄭棄其
師之屬是也。劉知幾引《汲冢瑣語·晉春秋》,獻公十七年:『鄭棄其師。』
其文正同,足與魯史相證。

此可知《春秋》直以舊史爲義,無筆削修辭之加損,是經例以史例爲例也。

(五)史惟一義經兼二旨

《補注》論史法經法,尚有經法因史法爲義,而更附益之者。夫魯史載事,義
存其中,而《春秋》因之,取其義,復寓以它義,使經義更見完備。桓二年:「宋督
弒其君與夷,及其大夫孔父。」傳曰:

孔父先死,其曰及何也?書尊及卑,《春秋》之義也。……孔,氏;
父,字諡也。或曰:其不稱名,蓋爲祖諱也,孔子故宋也。

《補注》云:

孔父即不先君死,夫子亦必不稱祖名,若盟會聘問之屬,可準臨文不

諱之例，今此最隱痛之事，不得斥名，……魯史本以孔父先君死稱字，君
子仍之，又寓諱義，然則史惟一意，經兼二旨，故傳備言之也。《春秋》
因舊文爲一義，出聖筆又爲一義，相兼乃備。

此謂魯史本書孔父，其以字稱者，以其有死難之勳，故稱字謚以褒美之，而經文因
之，是爲一義；又以其爲孔子之祖，縱不先君死，亦必不敢斥名，爲祖諱也，又爲
一義。是稱字不名，於史有褒美之意，經因之，又附益祖諱之義，所謂「經兼二旨」
者也。

十一、論遣詞造句

《春秋》修其辭以取其義，其中之是非褒貶，內外上下，輕重緩急，皆於文辭
見之。故《春秋》之用字，特爲謹嚴，雖一字之別，亦無所苟。

莊八年：「師還。」傳曰：

還者，事未畢也。

《補注》云：

《爾雅》曰：「還、復，返也。」二字訓同辭異，以事未畢、事畢別
之。事畢者，據其至於國，其辭曰復。呂大圭云「反其故所之辭」是也。
事未畢者，據其至而未至，其辭曰還。呂大圭云「自彼反此，而未至國之
辭」是也。襄十九年傳曰：「還者，事未畢之辭也。」加二字則意尤明矣。
凡訓詁相同字，如還復、獲得、及暨、弗不、而乃、奔孫、刺殺之類，《春
秋》別白其辭，無所假借。蓋訓詁之法，同類相通，制作之文，正名不苟。

還、復同訓返，而、乃同爲難，奔、孫同爲遁，《補注》所謂「訓詁之法，同類相通」
者也。而事畢用復，事未畢用還；足乎日之緩辭用而，不足乎日之急辭用乃；常文
用奔，而諱文用孫〔註19〕，此《補注》所謂「制作之文，正名不苟」者也，皆足見
《春秋》用字之謹嚴。

一字如此，一句亦然，尤以句中文字先後次序之推敲，更見周密不苟。文二年：
「自十有二月不雨，至于秋七月。」《補注》云：

不雨之文，不在七月下者，雨而後書不雨，則七月雨矣，其文不得在下。

意謂七月雨，而後得書「至于秋七月」，又因七月雨，故不得書「自十有二月至于秋

〔註19〕《穀梁》宣八年曰：「復者，事畢也。」同年經：「日中而克葬。」傳曰：「而，緩辭
也，足乎日之辭也。」定十五年：「日下稷，乃克葬。」傳曰：「乃，急辭也，不足
乎日之辭也。」而《公羊》曰：「而者何？難也。乃者何？難也。曷爲或言而或言乃？
乃難乎而也。」（宣八年）皆以二字有別。莊元年：「夫人孫於齊。」傳曰：「孫之爲
言猶孫也，諱奔也。」

七月不雨」，否則，七月是雨？是不雨？不得確知，今書「不雨」於「七月」之上，則七月雨，經意判然。子勤之說，頗能顯《春秋》句法之嚴謹。

定二年：「雉門及兩觀災。」傳曰：

> 其不曰雉門災及兩觀何也？災自兩觀始也。不以尊者親災也，先言雉
> 門，尊尊也。

其始災者，兩觀也，當書「兩觀災及雉門」，然門為主，為尊，觀為飾，為卑，卑不可以及尊，故不書「兩觀災及雉門」。然如書「雉門災及兩觀」，一則使尊者親災，一則又沒兩觀始災之實；《春秋》既不使卑及尊，故書「雉門及兩觀」，又不使尊者親災及不沒兩觀始災之實，故書「災」於「兩觀」下，此等周密謹嚴，皆所以顯隱發微，使義理判然，不疑於似是而非，似非而是也。

僖十五年：「晉侯及秦伯戰于韓，獲晉侯。」宣二年：「宋華元帥師，及鄭公子歸生帥師，戰于大棘，宋師敗績，獲宋華元。」兩文雖同書戰，書獲，而其義不同。韓之戰，傳曰：

> 晉侯失民矣，以其民未敗而君獲也。

大棘之戰，傳曰：

> 獲者，不與之辭也，言盡其眾以救其將也。

所謂「盡其眾以救其將」者，由經書敗績，而後書獲，則知華元得眾心，軍敗始見獲，以明不與之辭。晉侯則不然，未見敗績，已為所獲，可見其失民。

又如僖十六年：「隕石於宋五。」范《注》云：

> 隕石，記聞也，聞其磌然，視之則石，察之則五。

楊《疏》引劉知幾亦云：

> 聞之隕，視之石，數之五，加以一字太詳，減其一字太略，求諸折中，
> 簡要合理。

劉氏於《春秋》多所譏評〔註20〕，而於此却讚美有加，可見《春秋》遣詞造句之嚴謹周密矣。

第三節　經傳文字之訓詁

清代學者於文字訓詁上之成就可謂空前。子勤於此，雖未能有所創發，然其能於前人之成就上，運用其理論與方法，以訓解《穀梁》經傳，於《穀梁》經傳之文

〔註20〕劉知幾《史通》卷十四〈惑經篇〉，言其於《春秋》之義，所未諭者十二，而虛美者五，於《春秋》甚多質疑批評。

字訓解，多所闡釋，尤其於范氏所未注者，廣爲補注，偶亦略及訓詁之理，及訓詁用語之詮釋，茲論述之。

一、以本義訓之

1. 莊十七年傳曰：「齊人滅遂，使人戍之。」

《補注》：「戍，守。」

連堂案：《說文・戈部》：「戍，守邊也。从人持戈。」《廣雅・釋詁》：「戍，守也。」知戍之本義乃从人持戈以守，《補注》以守訓戍者，以本義爲訓也。

2. 僖五年傳曰：「天子微，諸侯不享覲。」

《補注》：「享，獻也。」

連堂案：《爾雅・釋詁》：「珍、享，獻也。」《說文・亯部》：「亯，獻也，从高省。『曰』，象孰物形。」知獻者，享之本義也。

二、以引申義訓之

1. 僖五年傳曰：「統諸侯，不能以朝天子。」

《補注》：「統，總也。」

連堂案：《說文・糸部》：「統，紀也。」徐灝《說文段注箋》云：「凡結絲繩爲用，總持之者謂之綱，其別皆謂之紀，以綱統紀，則謂之統，引申爲凡總統之偁。」〔註21〕知統之本義爲紀，以總訓之者，引申義也。

2. 莊六年：「齊人來歸衛寶。」

傳曰：「以齊首之，分惡於齊也。」

《補注》：「首，猶主也。」

連堂案：首之本義爲頭，引申之有主宰、作主之意。言猶者，以其非本訓，而義相近。〔註22〕《補注》「首猶主也」者，以引申義爲訓也。

三、以假借義訓之

1. 莊二十八年傳曰：「一年不艾而百姓饑。」

《補注》：「《疏》引虇信云：『艾，穫也。』文烝案：艾即刈字。」

連堂案：《說文・艸部》：「艾，冫臺也。」段《注》：「五蓋切，十五部，古多借

〔註21〕頁4499，廣文，61年4月初版。
〔註22〕《說文》段注〈言部〉讔字下云：「凡漢人作注，云猶者皆義隔而通之。」《補注》隱元年傳「父猶傳也」下亦曾自云：「以其非本訓而義相近，故言猶耳。」

為乂字。」〈丿部〉：「乂，芟艸也。刈，乂或从刀。」段《注》：「〈周頌〉曰：『奄觀銍艾。』艾者，乂之假借字，銍者所以乂也。〈禾部〉曰：『穫，乂穀也。』是則芟艸穫穀總謂之乂。魚廢切，十五部。」知《補注》以艾即刈字者，明艾之訓穫，非其義，乃刈之假借字。而艾从乂得聲，古音同為疑紐，十五部，為同音通假。

2. 文二年傳曰：「喪主於虞。」

《補注》：「虞，安也。」

連堂案：《說文‧虍部》：「虞，騶虞也。」段《注》：「五俱切。按此字假借多，而本義隱矣。凡云樂也、安也者，娛之假借也。」〈女部〉：「娛，樂也。」段《注》：「虞俱切，五部。」安、樂二義，引申可通，知《補注》以虞為娛之假借，訓虞為安者，以假借義釋之。而虞、娛古音同為疑紐，五部，為同音假借。

四、以反義訓之

1. 文二年傳曰：「作主壞廟有時日，於練焉壞廟。壞廟之道，易檐可也，改塗可也。」

范《注》：「禮，親過高祖，則毀其廟。」

《補注》：「《注》以毀訓壞，非也。修壞曰壞，猶擤汙曰汙，治亂曰亂，古人語如此。……易檐改塗，為壞廟之道，則壞為修壞，而廟指新宮甚明。」

連堂案：以修壞訓壞者，反訓之法也。修與壞，義本相反，而實相因，先壞而後修也。《補注》所謂「猶擤汙曰汙，治亂曰亂」者，皆義相反而實相因，故皆得為反訓也。傳明云：「壞廟之道，易檐可也，改塗可也。」以易檐、改塗為壞廟，則壞為修壞甚明，自來說《穀梁》者，皆以毀廟為壞廟，不得其解，惟子勤得之。

五、以今語為訓

1. 隱八年傳曰：「交質子不及二伯。」

《補注》：「質，贅也。《說文》解贅字曰：『以物質錢。』解質字曰：『以物相贅。』此猶今人之抵押也。」

連堂案：《補注》引《說文》質、贅互相為訓，並以時人通用之「抵押」為說，

文白而意明。

六、明其為古今字

1. 隱元年傳曰：「錢財曰賻。」

《補注》：「錢者，金幣之名，以銅為之，所以貿買物，通財用，故曰錢財。先儒說泉布，以為藏曰泉，行曰布。泉、錢古今字。」

連堂案：《說文》貝字下曰：「古者貨貝而寶龜，周而有泉，至秦廢貝行錢。」段《注》：「秦始廢貝專用錢，變泉言錢者，周曰泉，秦曰錢，在周、秦為古今字也。」

七、明其為或體字

1. 隱五年傳曰：「魚，卑者之事也。」

《補注》：「魚即𩵋、漁、澷字。《說文》曰：『𩽹，捕魚也，从𩵋水。漁，篆文𩽹，从魚。』石鼓文：『鰻鯉處之，君子澷之。』又从魚下寸。此經傳作魚字，《周禮》䰻字，敍字，亦作魚字，皆一字耳。」

連堂案：《說文》段注𩽹字下云：「古文本作魚，作𩵋𩽹其籀文乎？至小篆則婿為漁矣。《周禮》當从古作魚人，作敍者次之，作䰻者非也。」邵英《說文群經正字》云：「今經典从篆文作漁，《周禮》作䰻，《華嚴經音義》卷下云：『漁大篆作𩽹。』《一切經音義》卷六云：『古文作䰻。』」〔註23〕知魚、漁、𩵋、𩽹、敍、䰻、澷，或為古文，或為籀文，或為小篆，為石鼓文，皆一字耳，為或體字。

八、名物之訓解

1. 僖十年傳曰：「麗姬以酖為酒。」

《補注》：「酖之正字作鴆。運日鳥也，其羽有毒，以畫酒，飲之則死。」

連堂案：此先明酖為假借字，鴆為本字，而後釋鴆鳥之屬性。《說文·鳥部》：「鴆，毒鳥也，一曰運日。」顏師古《漢書注》引應劭曰：「鴆鳥黑身赤目，食蝮蛇野葛，以其羽畫酒中，飲之立死。」〔註24〕

九、明訓詁之理

1. 隱六年傳曰：「平之為言，以道成也。」

〔註23〕見《說文詁林》引，頁 5257，商務，65 年 2 月增訂台一版。
〔註24〕見《漢書》卷三十八〈高五王傳注〉。

《補注》：「平、成疊韻爲訓。」

連堂案：平、成古韻同屬段玉裁十七部之第十一部，是兩字疊韻。林尹先生《訓詁學概要》云：「凡義界多有一字或一字以上之字，與所訓之字有聲韻之關係。」〔註25〕此例之平、成即是。《補注》所云，乃明訓平爲成之理。

2. 桓三年傳曰：「既者，盡也，有繼之辭也。」

《補注》：「傳例曰：『又，有繼之辭也。』既亦爲有繼者，盡則復生，有既則有又，義以相轉而相足，此訓詁之理。」

3. 文十四年傳曰：「孛之爲言，猶茀也。」

《補注》：「言猶者，義相近也。案《說文》，孛者㞢部字，與㚾字爲聯緜疊韻字。㚾亦㞢部字，茀者艸部字。㞢爲草木盛㞢㞢然，㚾字爲草木之兒。茀爲多艸，是二字之本義相近也。就本義引申之，則孛爲凡盛之偁，茀爲凡多之偁，以茀釋孛，猶以多釋盛也。孛星光芒四出，蓬蓬孛孛然，以其光盛，故謂之孛，以其光多，故釋以茀也。又誖、悖字從孛，拂字從弗，皆有亂義，凡物盛多則易亂，董仲舒以孛星爲闇亂之貌，何休以爲邪亂之氣，孛之爲茀，兼取亂義也。孛、茀古又同音，凡字義相類者，聲多相同，或相近似也，此訓詁之理也。」

連堂案：《補注》於傳以茀釋孛之理，說釋頗爲詳備。惟後云「字義相類者，聲多相同，或相近似」者非是。當云「聲相同或相近似者，字義多相類」。

4. 昭十九年傳曰：「歠飦粥，嗌不容粒。」

《補注》：「嗌，咽也。咽、嗌雙聲，《說文》互相訓。」

連堂案：互訓者，乃因語言文字，受古今、南北、雅俗之影響，不能盡同，而取同義之字，相當之事，互相訓釋。桂馥《說文義證》云：「今吳人呼咽爲嗌。」（卷五）明兩字互訓者，乃由於方音不同。

5. 定十二年：「公至自圍成。」

傳曰：「何以致？危之也。何危爾？邊乎齊也。」

范《注》：「邊謂相接。」

《補注》：「《爾雅》：『邊，垂也。』與疆、界、衛、圉同訓。《說文》曰：『垂，遠邊也。』《國語》曰：『思邊垂之小怨。』〈玉藻〉：『邊邑。』鄭君曰：『謂九州之外。』是邊之言遠也。遠乎此則近乎彼，故轉其義而爲近。《史記·高祖本紀》：『齊邊楚。』文穎曰：『邊，近也。』是即范《注》相接之訓。」

連堂案：邊之意爲遠，遠乎此則近乎彼，故引申之而爲近，義遂相反。其義相

反，而實相因，故得爲訓，此反訓之理也。

十、釋訓詁用語

1. 隱元年：「公及邾儀父盟于眛。」

傳曰：「父猶傅也。」

《補注》：「以其非本訓而義相近，故言猶耳。」

連堂案：此《補注》釋猶於訓詁上之用法。《說文》段注於言部讎字下云：「凡漢人作注，云猶者皆義隔而通之。」

第四節　《穀梁》解經方式之析論

《春秋》原爲史書，觀其記載，史事耳。惟經孔子筆削，其屬辭、筆法、體例，已異於一般史文，而寓有是非褒貶於其間。傳者，釋經之文以取經之義也。如經書「隱元年春王正月」，傳曰：

雖無事，必舉正月，謹始也。

又曰：

公何以不言即位？成公志也。焉成之？言君之不取爲公也。君之不取爲公何也？將以讓桓也。讓桓正乎？曰：不正。

所謂「謹始」，所謂「讓桓」、「不正」，《春秋》之義也。

《補注》云：

凡傳專釋經之取義。（隱元年）

然則，《春秋》之文，或詳或略，或同或異，《穀梁》如何解之？

子勤《論傳》云：

至其解經之妙，或專釋，或通說，或備言相發，或省文相包，或一經而明眾義，或闡義至於無文。

以下依子勤專釋、通說之說，附以《補注》中發明之「多設疑問辭」，「訓詁解經」，及由一經而明眾義衍析之「一經明一義」三類，茲析論於下。

一、專　釋

專釋者，傳之釋經，專就此經而發，無關其他經文。如隱二年：「無侅帥師入極。」

傳曰：

不稱氏者，滅同姓，貶也。

此專對無侅而發。《補注》云：

> 考《左傳》，無駭死後命爲展氏，則史本書無侅，不書展無侅，但君
> 子脩經，大夫例稱氏。《左傳》，無駭之官，司空也，當追氏之，使經例前
> 後畫一，今不追氏，是知爲滅同姓貶之。

知《春秋》於大夫例稱氏，今以無侅帥師滅極，獨去其氏不書，故傳專釋之，以明
《春秋》之貶。又如隱九年：「春三月癸酉，大雨震電，庚辰，大雨雪。」傳曰：

> 八日之間，再有大變，陰陽錯行，故謹而日之也。

十年：「夏六月辛未，取郜，辛巳，取防。」傳曰：

> 取邑不日，此其日何也？不正其乘敗人而深爲利取二邑，故謹而日之也。

皆以經文災異、取邑，例不書日，而此八日、十日間，接連災異，取邑，爲《春秋》
所獨有，故傳之解經爲專釋，不及其他也。

二、通　說

通說者，傳之釋經，雖就某經而發，而其義則通貫全經，不專爲該經而釋。如
隱元年：「秋九月，及宋人盟于宿。」傳曰：

> 及者何？內卑者也。宋人，外卑者也。卑者之盟不日。

《補注》云：

> 此傳解及，兼爲內諸直書者發例；解宋人，兼爲列國盟會言人者發例也。

此謂傳解及爲內卑者，除解本經魯之與盟者爲卑者外，全經不書某人及者，皆示魯
爲卑者與盟與會；傳解某人爲外卑者，除解本經宋人爲宋之卑者外，並釋全經書某
國人者，皆爲外之卑者。是此二傳雖發於此，而實則通說全經。《補注》於「卑者之
盟不日」下云：

> 傳發通例。

亦謂「卑者之盟不日」，雖發於此經，而實全經皆然也。

又如隱二年：「莒人入向。」傳曰：

> 入者，內弗受也。

《補注》云：

> 傳謂凡稱入者，是內弗受之辭。

五年：「衛師入郕。」傳曰：

> 將卑師眾曰師。

《補注》云：

> 此發全經內外通例。

皆傳通說經文之顯例。又如傳云「《春秋》云云」者，亦其類也。如隱元年傳曰：

> 《春秋》成人之美，不成人之惡。

又曰：

> 《春秋》貴義而不貴惠，信道而不信邪。

四年：

> 《春秋》之義，諸侯與正而不與賢也。

皆是也。

　　《穀梁》以通說之法釋經者甚多，此不備舉。

三、備言相發

　　備言相發者，於此經發傳是一義，於彼經發傳又別一義，合兩義而義始賅備者屬之；或此經發傳，彼經復發傳，惟其義無別，其所以多次發傳者，以其情況有別，嫌其有異，故備言始明者皆是。

　　前者如莊十一年：「宋大水。」傳曰：

> 外災不書，此何以書？王者之後也。

襄九年：「宋災。」傳曰：

> 外災不志，此其志何也？故宋也。

《補注》云：

> 　　莊十一年傳及此傳，皆以外災不志發義，而彼言王者之後，此言故宋
> 者，兩傳之意，互相備也。魯史本以宋為王者後，特志災異，君子存而不
> 削，又因以著故宋之義，明經中包此二旨，故與彼傳各見之也。

此謂《春秋》不志外災，而宋災志者有二義，其一乃以宋為王者之後，其一則為孔子以故國視宋，故於莊十一年發「王者之後」義，於襄九年發「故宋」義，所謂備言相發也。

　　又如桓二年：「取郜大鼎于宋。」傳曰：

> 郜鼎者，郜之所為也，曰宋，取之宋也，以是為討之鼎也。孔子曰：
> 「名從主人，物從中國。」故曰：郜大鼎也。

襄五年：「仲孫蔑、衛孫林父會吳于善稻。」傳曰：

> 吳謂善伊，謂稻緩；號從中國，名從主人。

《補注》云：

> 　　桓二年傳言物從中國，此言號者，彼釋大鼎義，專是物號，此則兼包
> 地物之號也。此專是地號，而不言「地從中國」，明包地、物言之也。桓

> 二年傳言名從主人，乃釋大鼎稱郜之義，名者，國名。此經無從主人之文，
> 亦并言之者，明欲發明全例，兼國名、人名爲說也。前釋國名、物號之文，
> 此通舉地號、物號、國名、人名之例，意指各異，故兩處發傳也。

知兩處發傳以爲類比，互相發明，而義始賅備。

再如莊十六年及二十七年，諸侯兩同盟于幽，傳曰：

> 同者，有同也，同尊周也。

文十四年同盟于新城，宣十七年同盟于斷道，襄三年同盟于雞澤，昭十三年同盟于平丘，傳皆曰：

> 同者，有同也，同外楚也。

是《春秋》同盟之義有二，一爲尊周，一爲外楚，而傳備言相發以顯之。

後者則如前例，傳於莊十六年已發「尊周」之義，而二十七年復發之，楊《疏》云：

> 復發傳者，前同盟于幽，諸侯尚有疑者，今外內同心，推桓爲伯，得
> 專征伐之任，成九合之功，故傳詳其事也。

明前盟齊桓尚未得眾，後者則已受諸侯之推任，其尊周之程度，自是有別，故兩發以備義。又如隱二年：「莒人入向。」「無侅帥師入極。」五年：「衛師入郕。」傳於三處皆曰：

> 入者，內弗受也。

楊《疏》謂入極重發云：

> 恐內外不同，故兩發以同之。

於入郕復發云：

> 前起者邑，今是國，故重發之。

知傳多處發傳者，所以明內、外、國、邑皆然，皆所謂備言相發者也。

四、省文相包

省文相包者，傳之釋經，於同類之情事，於此發傳，於彼不復發傳，以其義顯明，發此足以包彼，故省其文也。如僖七年，諸侯盟于寧毋，傳曰：「衣裳之會也。」《補注》引楊《疏》云：

> 衣裳之會十有一，或釋或不釋者，省文以相包。

此謂齊桓衣裳之會十有一，而寧毋之盟傳釋之，餘皆不釋者，以其可推知，故省其文，不一一發傳也。

又如傳曰：「往時，正也；致月，故也。」（莊二十三年）《補注》云：

於往言時，則月可知；於致言月，則時可知，互句以省文。

此謂傳言「往時，正也」，則往月乃危往可知；傳言「致月，故也」，則致時爲正可知，既可推知，故傳省其文。

再如傳曰：「曹無大夫。」（成二年）曰：「莒無大夫。」（昭十四年）《補注》云：

傳唯於曹莒言其無大夫，以曹莒之列盟會，次於許，長於邾滕以下，言曹莒則諸小國該之。（隱二年）

此謂傳言曹莒無大夫，而依盟會之次，序於曹莒下之邾滕諸小國，亦從此小國無大夫之例，故傳不復於邾滕之下一一發傳，以其舉曹莒足以包之也，故省其文。

此外，《春秋》有經文而傳不釋者頗多，此乃該經與他經事類而義同，又無別義以寄之，故不發傳。如隱二年：「公及戎盟于唐。」及者，內爲志焉爾，已發於元年，且無他義寓其中，故此經無傳。又如隱九年之「城郎」，城之義已於七年之「城中丘」發通例曰：「城爲保民爲之也，民眾城小則益城，益城無極，凡城之志皆譏也。」故城郎無傳，此皆省文相包之法也。

五、一經明一義

一經明一義者，傳之釋經，惟見一義，此或經文惟寓一義，或餘義已發於他處，而此經特顯此義，而略去其餘。

惟寓一義者，如隱三年：「秋八月庚辰，宋公和卒。」傳曰：「諸侯日卒，正也。」同年：「冬十有二月癸未，葬宋繆公。」傳曰：「日葬，故也，危不得葬也。」皆其例。

餘義發於他處，而此經特顯此義者，如莊二十五年：「陳侯使女叔來聘。」傳曰：「其不名何也？天子之命大夫也。」此傳專明「天子之命大夫不名」之義，而「來」「聘」之義皆不及之，以「來者，接內也」，「聘，問也」，已分別發傳於莊二十七年，及隱九年故也。又如僖二十八年：「公會晉侯、齊侯、宋公、蔡侯、鄭伯、衛子、莒子，盟于踐土。」傳曰：「諱會天王也。」此傳不釋「會」，亦不釋盟踐土之霸晉，而專明「諱會天王」之義者，所以凸顯此義，以明此乃義之重者也。

六、一經明眾義

一經明眾義者，傳之釋經，於經文所寓諸義，兼釋並陳。如隱元年：「春三月，公及邾儀父盟于眛。」傳曰：

及者何？內爲志焉爾？儀，字也，父，猶傅也，男子之美稱也。其不

言邾子何也？邾之上古微，未爵命於周也。不日，其盟渝也。

此傳並釋及之內為志，稱字稱父之褒美邾君，微國未爵命於周者不稱爵，及盟不書日為渝盟諸義。又如三年：「天王崩。」傳曰：

> 高曰崩，厚曰崩，尊曰崩，天子之崩以尊也。其崩之何也？以其在民上，故崩之。其不名何也？大上故不名也。

此經文雖僅三字，而傳之釋乃並明之。先釋稱崩之道有高、厚、尊三者，而天子之崩以尊。又釋天王不名之由，以名所以相別，而天子太上，天下一人耳，故不必名也。此經傳於一經兼明眾義之法也。

七、闡義至於無文

闡義至於無文者，經雖無文，而義蘊其中，傳亦詳為闡釋，亦或衍申之，以盡《春秋》之義。

如全經第一條惟書：「元年春王正月。」而傳曰：

> 雖無事必舉正月，謹始也。公何以不言即位？成公志也。焉成之？言君之不取為公也。君之不取為公何也？將以讓桓也。讓桓正乎？曰：不正。《春秋》成人之美，不成人之惡；隱不正而成之何也？將以惡桓也。其惡桓何也？隱將讓，而桓弒之，則桓惡矣。桓弒而隱讓，則隱善矣；善則其不正焉何也？《春秋》貴義而不貴惠，信道而不信邪。孝子揚父之美，不揚父之惡，先君之欲與桓，非正也，邪也。雖然，既勝其邪心以與隱矣，己探先君之邪志，而遂以與桓，則是成父之惡也。兄弟，天倫也，為子受之父，為諸侯受之君，己廢天倫，而忘君父，以行小惠，曰：小道也。若隱者，可謂輕千乘之國，蹈道則未也。

此傳自「公何以不言即位」以下，《春秋》無文，其謂「成公志」、「讓桓不正」、「《春秋》成人之美，不成人之惡」、「桓惡隱善」、「《春秋》貴義而不貴惠，信道而不信邪」、「廢天倫、忘君父，以行小惠」諸義，皆傳之闡義或衍釋。又如閔二年：「公薨。」傳曰：

> 不書葬，不以討母葬子也。

此經未書葬，而傳明其義，皆所謂闡義至於無文也。鍾惺《穀梁傳評》云：

> 往往發一段精言微論，出題之外，令人想見題中之妙。（卷三）

即指此類也。

傳之此法，所以盡《春秋》之義，不然，後之學者何以明之，此有功於《春秋》之大者也。

八、多設疑問辭

《補注》云：

> 凡傳多設疑問辭。（隱元年）

此乃經義口傳〔註26〕，儒者反覆辯說，以明《春秋》之大義微言，後經寫定，而存其問難，故傳具此特色。

如隱元年傳曰：

> 公何以不言即位？成公志也。焉成之？言君之不取爲公也。君之不取爲公何也？將以讓桓也。讓桓正乎？曰：不正。

又曰：

> 隱不正而成之何也？將以惡桓也。其惡桓何也？隱將讓，而桓弒之，則桓惡矣。

又如三年：

> 武氏子何也？天子之大夫也。天子之大夫，其稱武氏子何也？未畢喪，孤未爵。未爵使之，非正也。其不言使何也？無君也。

全傳一問一答，環環相扣，反覆辯說者，比比皆是，如此一層層深究入裡，而《春秋》之微言隱義因以顯發。鍾惺《穀梁傳評》云：

> 大義只一語便明透者，妙在先反覆問難，令意中無一痕疑辨故耳。《穀梁》往往如此。（卷一）

九、訓詁解經

訓詁解經者，傳之釋經，往往以訓詁方式訓釋經文，以顯經義。如莊三年：「葬桓王。」傳曰：

> 其曰王者，民之所歸往也。

《補注》云：

> 《史記正義》引《逸周書·謚法》：「仁義所往曰王。」謂身有仁義，爲眾所歸往也。王、往同聲爲訓。

此傳以「民所歸往」一句釋「王」之方式，黃季剛先生稱之曰「義界」。〔註27〕林

〔註26〕《史記·十二諸侯年表》：「孔子明王道，干七十餘君，莫能用，故西觀周室，論史記舊聞，興於魯而次《春秋》，上記隱，下至哀之獲麟，約其辭文，去其煩重，以制義法，王道備，人道浹，七十子之徒口授其傳指，爲有所刺譏褒諱挹損之文辭，不可以書見也。」（卷十四）

〔註27〕林尹先生《訓詁學概要》引黃季剛說：「凡以一句解一字之義者，即謂之義界。」頁71，正中，69年9月台六版。

尹先生《訓詁學概要》云：

> 在義界的訓釋中，除極少數純屬義訓的，……凡義界多有一字，或一
> 字以上之字，與所訓之字有聲韻之關係。〔註28〕

《補注》以「王往同聲為訓」，即是義界之訓詁方式。

昭元年：「叔弓帥師疆鄆田。」傳曰：

> 疆之為言猶竟也。

傳言猶者，兩字義相近，引申之可通也。《補注》云：

> 古讀竟亦如疆。

《說文》段注竟字下云：「居慶切，古音在十部，讀如疆。」畺（連堂案：疆為畺之
或體）字下云：「居良切。十部。」知傳以同音意近之字訓解經文。

又如莊三十年：「齊人降鄣。」傳曰：

> 降猶下也。

《補注》云：

> 戰國秦漢之際，多言下。降，古語；下，今語也。

是以今語釋古語。昭二十年：「盜殺衛侯之兄縶。」傳曰：

> 縶者何也？曰：兩足不能相過。齊謂之綦，楚謂之踂，衛謂之縶。

除釋縶之義外，並以齊、楚方言為釋，皆傳以訓詁方式釋經之例。

第五節　《穀梁》文章特色之闡明

子勤於《穀梁》，除義理、訓詁上之闡發，其於《穀梁》文章，亦有所得。〈論
傳〉云：

> 《穀梁》文章有二體，有詳而暢者，有簡而古者，要其辭清以淡，義
> 該以貫，氣峻以屬，意婉以平。

其中義該以貫乃偏論內涵，與文章風格所涉較少，且其意類如上節之「備言相發」，
此處不論，餘依次舉例以證。

一、簡而古

《穀梁》釋經，主於明義，義明則止，於事跡鮮少敘述，故文章之最大特色為
簡要，其泰半傳文，皆僅寥寥數句，又因其旨在明義，不汲於文辭之夸飾，故文字
多質樸古拙之貌。

〔註28〕同前註，頁71。

傳曰：

> 南，氏姓也；季，字也；聘，問也。聘諸侯，非正也。（隱九年）

文字訓釋簡明而不加雕飾，音節自然而不失謹嚴。又如：

> 諸侯死於國，不地；死於外，地。死於師何爲不地，內桓師也。（僖四年）

> 與人同事，或執其君，或取其地。（襄十九年）

鍾惺《穀梁傳評》於後一例云：

> 只舉其案便了，何等古澹。（卷九）

諸如此類，皆簡質而謹嚴，自然而不雕琢。而如：

> 善救許也。（僖六年）

> 兵車之會也。（僖十三年）

> 旱時，正也。（僖二十一年）

> 閔之也。（襄十八年）

僅寥寥三五字者，亦不在少數，可見其簡要之一斑。

二、詳而暢

《穀梁》文章尙簡，已如上述，然亦偶有敘事詳實者，《補注》於隱十一年「公薨」下，曾列「獲莒挐」、「滅夏陽」等內外二十七事，即爲此類。如傳敘晉之殺里克，其言曰：

> 稱國以殺，罪累上也。里克弒二君與一大夫，其以累上之辭言之何也？其殺之不以其罪也。其殺之不以其罪奈何？里克所爲弒者，爲重耳也。夷吾曰：「是又將殺我乎？」故殺之不以其罪也。其爲重耳弒奈何？晉獻公伐虢得麗姬，獻公私之，有二子，長曰奚齊，稚曰卓子，麗姬欲爲亂，故謂君曰：「吾夜者夢夫人趨而來，曰：『吾苦畏。』胡不使大夫將衛士而衛冢乎？」公曰：「孰可使？」曰：「臣莫尊於世子，則世子可。」故君謂世子曰：「麗姬夢夫人趨而來，曰：『吾苦畏。』女其將衛士而往衛冢乎？」世子曰：「敬諾。」築宮，宮成，麗姬又曰：「吾夜者夢夫人趨而來，曰：『吾苦饑。』世子之宮已成，則何爲不使祠也。」故獻公謂世子曰：「其祠。」世子祠，已祠，致福於君，君田而不在，麗姬以酖爲酒，藥脯以毒，獻公田來，麗姬曰：「世子已祠，故致福於君。」君將食，麗姬跪曰：「食自外來者，不可不試也。」覆酒於地而地賁，以脯與犬，犬死，麗姬下堂而啼呼曰：「天乎！天乎！國，子之國也，子何遲於爲君。」君喟然歎曰：「吾與女未有過切，是何與我之深也。」使人謂世子曰：「爾其圖之。」

世子之傅里克謂世子曰：「入自明。入自明則可以生，不入自明則不可以
生。」世子曰：「吾君已老矣，已昏矣，吾若此而入自明，則麗姬必死，
麗姬死，則吾君不安，所以使吾君不安者，吾不若自死，吾寧自殺以安吾
君，以重耳爲寄矣。」刎脰而死。故里克所爲弒者，爲重耳也。夷吾曰：
「是又將殺我也？」（僖十年）

其間釋《春秋》之書法，書麗姬之亂國，書太子之自殺，皆能詳盡其實，爲《穀梁》
第一長文。尤以描述麗姬設謀之詳盡，處心積慮之陰狠；申生爲父爲重耳之孝心忠
義，不惟《公羊》所不及，即以詳述史實爲主之《左傳》，亦不若是其詳也。

再如滅夏陽一段，敘荀息之籌謀料事處，頗能曲盡其事，亦爲《左傳》所不及，
其言曰：

晉獻公欲伐虢，荀息曰：「君何不以屈產之乘，垂棘之璧，而借道乎
虞也？」公曰：「此晉國之寶也，如受吾幣而不借吾道，則如之何？」荀
息曰：「此小國之所以事大國也，彼不借吾道，必不敢受吾幣，如受吾幣
而借吾道，則是我取之中府，而藏之外府，取之中廄，而置之外廄也。」
公曰：「宮之奇存焉，必不使受之也。」荀息曰：「宮之奇之爲人也，達心
而懦，又少長于君。達心則其言略，懦則不能強諫，少長于君則君輕之，
且夫玩好在耳目之前，而患在一國之後，此中知以上乃能慮之，臣料虞君，
中知以下也。」公遂借道而伐虢。（僖二年）

於晉君之質疑牽引下，將其周密之計謀、推估，一一陳述，其間之原委曲折，即在
其環節相扣之周密推衍下呈露，而虞君不及中知，宮之奇言略不能強諫之推論，則
更顯其知人識勢之洞見。惟荀息識見之凸顯，除其堅牢之理據，尚得力於流暢文字
之感染力，觀其如流之應答，文勢一貫直下，不惟晉君爲其說服，即吾人讀之，亦
將以其爲必然也。

此等流暢筆力，概見於較長之傳文，如傳之論宋、楚泓之戰，其言曰：

倍則攻，敵則戰，少則守。人之所以爲人者，言也，人而不能言，何
以爲人？言之所以爲言也，信也，言而不信，何以爲言？信之所以爲信者，
道也，信而不道，何以爲道？道之貴者時，其行勢也。（僖二十二年）

其排偶句式，予人流暢自然之感。再如成二年，齊國佐之答郤克：

反魯衛之侵地，以紀侯之瓂來則諾，以蕭同姪子〔註29〕爲質，則是齊
侯之母也，齊侯之母猶晉君之母也，晉君之母猶齊侯之母也。使耕者盡東

〔註29〕原作「蕭同姪子之母」，據《補注》以「之母」二字爲衍文刪，參見下節。

其敵，則是終土齊也。不可。請一戰，一戰不克，請再，再不克，請三，

三不克，請四，四不克，請五，五不克舉國而授。

如此氣勢，王師熙元先生評之曰：

　　　寫國佐折衝於口舌之間，理直氣壯，大義凜然，終能以三寸之舌，勝

百萬之兵。〔註30〕

而如此氣勢之顯現，即得力於文字之流暢也。

三、辭清以淡

　　《穀梁》釋經，以意為主，文藻非其用意之所在，故其文字多淺顯清新，而少

有駢儷辭采，其形成之風格，則自然而不雕飾，如：

　　　烝，冬事也，春興之，志不時也。（桓八年）

其義在春烝之非時，觀傳之釋，義理了然，而文辭則淺白清淡，無一僻字，無一儷

辭，自然而流暢。又如釋衛人及齊人戰，傳曰：

　　　於伐與戰，安戰也？戰衛。戰則是師也，其曰人何也？微之也。何為

微之也？今授之諸侯，而後有侵伐之事，故微之也。其人衛何也？以其人

齊，不可不人衛也。衛小齊大，其以衛及之何也？以其微之，可以言及也。

　　　（莊二十八年）

觀其釋經，一問一答，經義之呈顯，明確、周延，而其文辭，舒緩而不失流暢，皆

所謂辭清以淡也。

四、氣峻以厲

　　《春秋》道義，嚴於辨是非，別善惡，正名定分，於忠臣亂賊，寓其褒美誅貶

於其間。其寫忠臣，時顯其凜然浩氣，其誅亂臣，則嚴峻不稍寬假，故其文章具峻

厲風格，柳宗元〈答韋中立論師道書〉云：

　　　參之《穀梁》以厲其氣。〔註31〕

即道此風格。

　　觀史狐之責趙盾：

　　　子為正卿，入諫不聽，出亡不遠，君弒，反不討賊則志同，志同則書

重，非子而誰？（宣二年）

其凜然之氣，趙盾亦為之語塞。其寫孔子頰谷之會：

〔註30〕見〈三傳的文學價值〉一文，該文為王師之演講，由謝泓、方景鈞筆錄，收於文化
　　　　復興委員會編纂之《中國文學講話（一）》，頁142，巨流，71年12月出版。
〔註31〕《柳河東集》卷三十四。

孔子歷階而上，不盡一等，而視歸乎齊侯，曰：「兩君合好，夷狄之
民，何爲來爲？」命司馬止之。

又曰：

「笑君者罪當死。」使司馬行法焉，首足異門而出。（定十年）

其理直氣壯，使齊侯逡巡而謝，來歸鄆讙龜陰之田。如此峻厲文氣，於傳之誅伐亂
臣，亦顯然可見。觀其正隱之論：

《春秋》貴義而不貴惠，信道而不信邪。孝子揚父之美，不揚父之惡，
先君之欲與桓，非正也，邪也。雖然，既勝其邪心以與隱矣，己探先君之
邪志，而遂以與桓，則是成父之惡也。兄弟，天倫也，爲子受之父，爲諸
侯受之君，己廢天倫，而忘君父，以行小惠，曰：小道也。若隱者，可謂
輕千乘之國，蹈道則未也。（隱元年）

此大義所在，不容絲毫寬貸，所以防紫之亂朱，莠之亂苗，假小惠以爲道義也。而
文辭之銳利，有如截鐵斬釘，不存游移之辭，正所以表此判然不苟之經義。再如治
桓之論：

桓無王，其曰王何也？謹始也。其曰無王何也？桓弟弒兄，臣弒君，
天子不能定，諸侯不能救，百姓不能去，以爲無王之道，遂可以至焉爾。
元年有王，所以治桓也。（桓元年）

如此文勢，正所以堵亂臣之巧辯，塞賊子之飾辭也。

五、意婉以平

《穀梁》之峻厲風格已如上述，然亦有平和婉轉，沈緩申說之一面。如：

禮，送女，父不下堂，母不出祭門，諸母兄弟不出闕門。父戒之曰：
「謹愼從爾舅之言。」母戒之曰：「謹愼從爾姑之言。」諸母般申之曰：「謹
愼從爾父母之言。」（桓三年）

於送女禮制，緩緩道出，而語調平和，諄諄般勤之態，可得而知。復如釋齊桓之滅
項，傳曰：

孰滅之？桓公也。何以不言桓公也？爲賢者諱也。項，國也，不可滅
而滅之乎，桓公知項之可滅也，而不知己之不可以滅也。既滅人之國矣，
何賢乎？君子惡惡疾其始，善善樂其終。桓公嘗有存亡繼絕之功，故君子
爲之諱也。（僖十七年）

於經之爲賢者諱，婉轉衍釋，既不沒其實，而又曲爲迴護，先言滅人者，齊桓也，
次釋項可滅，而桓不知己之不可滅，逼出桓何所賢？而一轉，道出其所以爲諱之道，

文氣和緩，與誅伐亂賊之峻厲者迥異。

至如楚昭之軍敗而逃也，語父老曰：

> 寡人不肖，亡先君之邑，父老反矣，何憂無君，寡人且用此入海矣。

（定四年）

此一沈緩堅定之語勢，映出楚昭自責之委婉情態，並激出父老「有君如此其賢也，以眾不如吳，以必死不如楚」（定四年）等氣壯山河之宏潤誓詞，前後成一強烈對比。

第六節　《穀梁》版本之校勘

《補注》於《穀梁》版本，亦曾注力，茲以其讎校之方法，分以經傳為校、以注疏為校、以文例為校、以他本為校、以相關書為校等五類，各舉例為說，以識其梗概。

一、以經傳為校

1. 成七年：「鼷鼠食郊牛角。」

傳曰：「不言日，急辭也。」

范《注》：「辭中促急不容日。」

《補注》：「『不言日』當為『不言之』，謂牛、角之間無『之』字，異於『郊牛之口也』。《注》『之』字亦誤『日』，今改正。」

連堂案：王師熙元先生《穀梁范注發微》云：「鍾氏所改是也。宣三年郊牛之口傷，牛、口之間有『之』字，故傳發例云：『之口，緩辭也；傷自牛作也。』此傷不自牛作，而牛、角之間不容『之』字，傳必發急辭之例可知。猶僖二十八年晉人執衛侯歸之于京師，傳云：『歸之于京師，緩辭也。』范《注》：『辭間容「之」，故言緩。』而成十五年晉侯執曹伯歸于京師，傳發例云：『不言「之」，急辭也。』其例正同。以傳正傳，知此傳『不言日』為『不言之』之誤，足可信矣！」〔註32〕子勤之校，當以傳謂「之」為緩辭，則此急辭，當為「不言之」，王師引證之，復舉其他傳例以證，辨析詳矣。又《穀梁》以為緩辭者，有之、于、其、而等字，皆為虛字，於經文中有疏緩語氣之用，而書日、不書日，《穀梁》以為乃事大事小，或褒或貶之別，不當為語辭緩急之用。

2. 襄十年：「盜殺鄭公子斐、公子發、公子輒。」

〔註32〕頁724。

傳曰：「稱盜以殺大夫，弗以上下道，惡上也。」

《補注》：「以哀四年傳校此傳，疑傳當疊一『道』字，下『道』謂稱道。」

連堂案：哀四年：「盜弒蔡侯申。」傳曰：「稱盜以弒君，不以上下道道也。」

3. 定六年：「夏，季孫斯、仲孫何忌如晉。」「冬，季孫斯、仲孫忌帥師圍鄆。」

范《注》：「仲孫何忌而曰仲孫忌，甯所未詳。」

《補注》：「此注舊在上『如晉』下，其首句之文云：『仲孫忌而曰仲孫何忌』，轉寫錯誤，妄改耳，今移正之。」

連堂案：《補注》之移恐未必是。各本原作：「定六年夏，季孫斯、仲孫何忌如晉。（范《注》：）『仲孫忌而曰仲孫何忌，甯所未詳。』冬，季孫斯、仲孫忌帥師圍鄆。」則或范甯與子勤之認定有異，蓋范以「仲孫忌」之名爲正，故於夏經下注曰：「仲孫忌而曰仲孫何忌。」而子勤以「仲孫何忌」之名爲正，又以爲范之認定與己同，而所見版本不然者，以爲傳寫之誤，故移范《注》於冬經下，並改爲「仲孫何忌而曰仲孫忌」。苟如此，則乃兩者內容認定之有別，而非版本傳寫之問題，子勤補注時，倘能考定當以「仲孫何忌」爲正，則駁范《注》爲非可矣，何必強范以同己，而移之改之，況無一本如是作，恐難免妄改之譏矣。

二、以注疏爲校

1. 宣十六年傳曰：「周災不志也。」

《補注》：「《疏》曰：『徐邈所據本云：「周災至。」《注》云：「重王室也。」今遍檢范本，並有「不」字，則不得解與徐同。』文烝案：《疏》『至』字乃『志』之誤。謂徐本無『不』字耳。徐本是也。外災不志，而宋爲王者後則志，周災則志，皆是經例因史例也。徐云『重王室』，其義允當，蓋范本誤衍『不』字也。」

連堂案：此子勤據《疏》所引徐本徐《注》，以其於理較當，而斷范本之誤衍也。又《穀梁》句法，「不志」下例無「也」字。全傳計有「外取邑不志」（隱六年）、「御廩之災不志」（桓十四年）、「卑者不志」（莊十七年）、「外釋不志」（僖二十一年）、「外災不志」（文三年、襄九年）、「築不志」（成十八年）、「火不志」（昭九年）、「疾不志」（昭二十三年）凡九處，無一例外；而肯定句如「故志之也」（隱二年、僖十四年）、「謹而志之也」（隱四年、莊三十一年），則時出「也」字，此傳若有「不」字，依句法則當無「也」字，今有「也」字，當本作「周災志也」，徐本爲是。

2. 成元年傳曰：「季孫行父禿、晉郤克眇、衛孫良夫跛、曹公子手僂，同時而聘於齊，齊使禿者御禿者，使眇者御眇者，使跛者御跛者，使僂者御僂者。」

《補注》：（連堂案：在曹公子手僂下）「此文『眇』『跛』字當互易。郤克之跛見《左傳》《國語》，范《注》下年傳以郤克爲跛，沈文何〔註33〕引《穀梁》云：『晉郤克跛，衛孫良夫眇。』自唐定本始誤，而楊氏作疏因之，陸德明亦誤。下句之次同誤。」

連堂案：阮元《校勘記》云：「《左氏》以爲跛，今云眇者，《公羊》無說。案：臧琳《經義雜記》云：『據沈文阿引《穀梁傳》，知古本《穀梁》作「晉郤克跛」，故范《注》二年傳云：「謂笑其跛也。」』」《左傳》：「郤子登，婦人笑於房。」（宣十七年）杜《注》：「跛而登階故笑之。」《國語・晉語五・襄公》：「郤獻子聘于齊，齊頃公使婦人觀而笑之。」（卷十一）韋昭《注》：「郤子跛，齊景公帷婦人，使觀之，郤子將升，婦人笑於房。」《穀梁》成二年傳曰：「敖郤獻子。」范《注》：「謂笑其跛。」可知跛者確爲郤克，而眇者爲孫良夫。又據沈文阿所引，則《穀梁》本作「晉郤克跛，衛孫良夫眇」。梁煌儀《春秋穀梁傳校證》云：「《藝文類聚》十九，《御覽》七三八引『眇』即作『跛』。」〔註34〕據此，則以下傳文次序亦誤，當作「使跛者御跛者，使眇者御眇者」，梁煌儀《春秋穀梁傳校證》云：「《御覽》七三八、《禮記・曲禮疏》引兩句互倒。」〔註35〕此例前人以范《注》及《左傳》爲校，子勤引之，並證以《國語》亦然，且推定傳文之次，當爲「使跛者御跛者，使眇者御眇者」。

3. 襄三年傳曰：「諸侯盟，又大夫相與私盟，是大夫張也。故雞澤之會，諸侯始失正矣。」

《補注》：「王引之曰：『「張」當爲「彊」。楊《疏》「彊」字凡三見，則《疏》所據本作「彊」。《音義》於定六年傳，始爲「張」字作音，則此亦不作「張」。』文烝案：孫復《尊王發微》曰：『大夫彊，諸侯始失政。』用此傳文。」

連堂案：王引之《經義述聞》：「《疏》曰：『禮，君不敵臣，陳遣大夫赴會，諸侯大夫與之爲盟，則是貴賤之宜。而云大夫彊者，諸侯大夫，君在私盟，故謂之彊也。案：十六年，大夫不臣也，則不繫諸侯，此云諸侯之大夫，而謂之彊者，……』是楊所據本，正作『彊』字。定六年傳：『城中城者，三家張也。』范《注》曰：『三家侈張。』而此不釋張字；定六年傳《釋文》：『張如字，一音丁亮反。』而此無音，則作『彊』不作『張』可知。不然，豈有略於前而反詳

〔註33〕沈文何當作沈文阿。阮元《校勘記》引不誤，子勤當據臧琳《經義雜記》而誤。沈文阿見《陳書》卷三十三，臧琳《經義雜記》見《皇清經解》卷一九九。
〔註34〕頁198，文化中研67年碩士論文。
〔註35〕頁199。

於後者乎？」（卷二十五）此爲《補注》所本，而《補注》復引孫復《尊王發微》者，乃以關係書所引爲校也。

三、以文例爲校

1. 襄五年：「冬，公會晉侯、宋公、衛侯、鄭伯、曹伯、莒子、邾子、滕子、薛伯、齊世子光救陳。十有二月，公至自救陳。」

   傳曰：「善救陳也。」

   范《注》：「楚人伐陳，公能救中國而攘夷狄，故善之，善之謂以救陳致。」

   《補注》：「《疏》曰：『善文於公至下言之者，《春秋》主善以內，故於書公至下重發。』文烝案：《注》謂以救陳致是善，則與凡救言善不同，《疏》又曲爲之說。夫傳始本與經別行，後來以傳合經者，乃以此句附公至下，實非傳意。此與諸言善者同義，當在諸侯救陳下也。重發傳者，戌而被伐，嫌救非善，故重明之。公至是常文，不須釋。」

   連堂案：子勤以此與諸言善者同義，依文例當在諸侯救陳下，其說是也。考《穀梁》發「善救某」者，除此傳外，計莊六年、二十八年、閔元年、僖六年、十五年、十八年兩次、宣元年凡八，皆發於「救某」經下，此處亦當如是；至公至，如《補注》所言，乃是常文，不須釋。

2. 襄十年：「春，公會晉侯、宋公、衛侯、曹伯、莒子，邾子、滕子、薛伯、杞伯、小邾子、齊世子光，會吳于柤。夏五月甲午，遂滅傅陽。」

   傳曰：「遂，直遂也。其日遂何也？不以中國從夷狄也。」

   《補注》：「『其日遂』三字，當爲『其日』二字。『遂』字轉寫誤衍。『日』『曰』形近易誤。『滅潞』傳，『日』亦誤『曰』，『戰邲』傳《疏》存兩說，明二字自昔相亂也。此承上言遂直是遂耳，不應復加日，加日則非直遂之辭，故公孫敖、歸父之奔，言日則不言遂，言遂則不言日，此其例也。今所以加日遂上者，爲晉與吳共滅國，不欲以中國從夷狄，故仍史文之舊，特存其日。下傳云：『無善事則異之。』明從異事之文，小變繼事之例也。」

   連堂案：《補注》之說是。若依原傳文：「其日遂何也？不以中國從夷狄也。」則加「遂」之由，乃表不以中國從夷狄，其說不可通。而據范《注》：「言時實吳會諸侯滅傅陽，恥以中國之君從夷狄之役，故加『甲午』，使若改日，諸侯自滅傅陽。」下傳范《注》復言「故加『甲午』，使若改日諸侯自滅傅陽爾」、「改日遂滅傅陽」、「諸侯會吳於柤，甲午，遂滅傅陽，是則若會與遂爲異人」。此范《注》以加「甲午」在使會與滅析分爲二事，有如諸侯惟與吳會，而未從吳滅

傳陽，故傳謂：「遂，直遂也，其日何也？」意謂遂乃有繼之辭，既曰遂，則是會與滅相繼之謂，何以又書甲午之日？傳乃答云：「不以中國從夷狄也。」范《注》所謂「使若改日自滅傳陽」、「若會與遂爲異人」是也。由注校傳，知「其日遂」爲「其日」二字之訛。梁煌儀《春秋穀梁傳校證》：「『日』字訛爲『曰』，於義難通，傳寫者乃涉此上傳文衍『遂』字以足之。」〔註36〕其說可從。

四、以他本爲校

1. 隱八年傳曰：「日入，惡入者也。」

   《補注》：「惡下『入』字各本脫，今依唐石經、十行本、俞皋《集傳釋義》本、李廉《會通》本補正。」

   連堂案：田宗堯〈阮氏校勘記補正〉：「阮元云：『石經同，二年《疏》引同；閩、監、毛本脫入字。』案江校毛本惡下補入字是。莊二十四年傳、僖二十八年傳並云：『日入，惡入者也。』皆其例。」〔註37〕

2. 桓九年傳曰：「內失正，曹伯失正，世子可以已矣，則是放命也。」

   范《注》：「父有爭子，則身不陷於不義，射姑廢曹伯之命可。」

   《補注》：「『放』各本誤作『故』。今依唐石經、陸淳《微旨》、《太平御覽》引、及呂本中《集解》本、俞皋《集傳釋義》本、程端學《本義》改正。胡安國《傳》言『方命』，所據亦未誤。」

   連堂案：梁煌儀《春秋穀梁傳校證》：「《御覽》一四七又引庾信（梁氏原註：柳興恩疑即是廙信之訛）注曰：『放，違也。』……李富孫同云：『案：義當作放，言世子違命而止。』……范氏注此云：『父有爭子，則身不陷於不義，射姑廢曹伯之命可。』『廢』正釋『放』字。」〔註38〕此例《補注》據諸本改之。梁氏引廙信之本，李富孫之說爲證，並以范《注》以廢釋放補之，諸說足證「放」以形近訛作「故」。

3. 莊元年傳曰：「君躬弒於齊，使之主婚姻。」

   范《注》：「魯桓親見殺於齊。」

   《補注》：「『君躬』各本誤作『躬君』，今依胡安國《傳》、俞皋《集傳釋義》本、李廉《會通》本、趙汸《集解》本乙正。王引之曰：『《注》以「魯桓」釋「君」，「親」釋「躬」，傳文誤倒。』未考宋元人所見本也。」

〔註36〕頁217。
〔註37〕《孔孟學報》第八期，頁171，53年9月。
〔註38〕頁56。

連堂案：王引之之說見《經義述聞》。王氏又云：「《釋文》出『君弒』二字，則唐初『君』字已誤倒於『躬』字之下，不始於石經矣。或曰：《釋文》當本作『躬弒』，後人以已誤之傳文改之也。」（卷二十五）此例《補注》以他本爲校，王氏以注文爲校，皆校讎之法也，而《補注》謂王氏未見宋元之本，恐未必然。實則，依注爲校，依諸本爲校，相輔以證，則證據更見確鑿，王氏之校，何可廢哉？

4. 昭八年傳曰：「諸侯之尊，弟兄不得以屬通。」

《補注》：「弟兄，各本誤作兄弟，今依唐石經、余本、呂本中《集解》本乙正。」

連堂案：作「弟兄」是。除依諸本乙正外，尚可以傳正傳。傳於隱七年、桓十四年、襄二十年、昭元年，有相同傳文，皆作「諸侯之尊，弟兄不得以屬通」，故此處當從唐石經。

5. 昭十九年傳曰：「子既生，不免乎水火，母之罪也。」

《補注》：「唐石經初刻，『母』上有『父』字。案：韓子〈祭女挐女文〉曰：『不免水火，父母之罪。』孫汝聽〈注〉引傳亦有『父』字。」

連堂案：《補注》之疑恐非是。此傳下云：「羈貫成童，不就師傅，父之罪也；就師學問無方，心志不通，身之罪也；心志既通，而名譽不聞，友之罪也；名譽既聞，有司不舉，有司之罪也；有司舉之，王者不用，王者之過也。」謂某之罪也，某之過也，皆單舉一類人，如父、身、友、有司、王者是也，且下既有「父之罪也」，正與「母之罪也」相對爲文，不當「母」字上復有「父」字。至韓子〈祭女文〉謂「不免水火，父母之罪」，此必然之詞也。不然，惟書母之罪，則祭女痛女，不責己失，惟責己妻，豈韓子爲文之旨哉？而孫汝聽〈注〉引傳有「父」字，則或因韓子原文而衍，不足爲有「父」字之證。

6. 哀六年傳曰：「入者，內不受也。荼不正，何用不受，以其受命可以言不受也。」

《補注》：「『不』各本作『弗』，今依唐石經改。二『不受』亦依唐石經改。」

連堂案：《補注》之改非也。依傳之文例，仍當作「弗」爲是。全傳發「入者，內弗受」者，計隱二年兩次、五年、八年、十年、莊三年、六年、二十四年、僖二十八年、宣十一年、昭二十一年、二十二年、定十一年，凡十三，無一作「不」者，而下傳作「何用弗受也」者，計莊六年、宣十一年凡二，又哀二年有「納者，內弗受也」，下亦云「何用弗受也」，惟莊二十四年作「何用不受也？以宗廟弗受也」，用「不」用「弗」各一，故此處當從汪克寬《胡傳附錄纂疏》

本、《古逸叢書》本、《四部叢刊》本、胡廣《春秋大全》、王樵《春秋輯傳》、阮元注疏本作「弗」，石經誤也。

五、以相關書爲校

1. 成元年：「冬十月。」

傳曰：「季孫行父禿、晉郤克眇、衛孫良夫跛、曹公子手僂，同時而聘於齊。齊使禿者御禿者，使眇者御眇者，使僂者御僂者，蕭同姪子處臺上而笑之，聞於客，客不說而去，相與立胥閭而語，移日不解。齊人有知之者曰：『齊之患必自此始矣。』」

范《注》：「穀梁子作傳，皆釋經以言義，未有無其文而橫發傳者。甯疑經「冬十月」下云：『季孫行父如齊』，脫此六字。」

《補注》：「范說又非也。此傳當與下『其日，或曰』相連，誤跳在此。蓋以傳合經者誤之耳。范以傳稱『季孫聘於齊』，經無爲不書其事，但經書如齊，不當錄月，二家經皆無之，自以何休說爲長。或當以季孫不說而去，聘事不成，故使無如齊之文，其事亦未審在何年也。」

連堂案：何休以爲恥之，故經不書。王引之亦以爲無此經，乃傳文錯簡。《經義述聞》：「《左氏》、《公羊》『冬十月』下，皆無『季孫行父如齊』之文，不應《穀梁》獨有，且《春秋》例不遺時，無事亦書『冬十月』，不必實之以事也。竊疑『季孫行父禿』以下，當在二年『戰于鞌』傳之末。蓋帥師與齊侯戰于鞌者，有季孫行父、晉郤克、衛孫良夫、曹公子手四人，傳於是追敘齊患所起，因慢此四人之故，而及前此四人同時聘齊之時，亦猶僖十年晉殺其大夫里克，傳因追敘申生之死；文六年晉殺其大夫陽處父，傳因而追敘襄公之漏言；定四年蔡侯以吳子及楚人戰于伯舉，傳因而追敘子胥之干闔廬，蔡侯之拘南郢也。錯簡在『冬十月』下耳。《公羊》敘齊患之始，與此略同，而於經文『盟于袁婁』下，始追敘之，《穀梁》或亦相似也。」（卷二十五）綜上言之，范甯以《穀梁》未有無文而發傳者是也，然證之二經，亦無「季孫行父如齊」之文，故當如王引之及子勤之說，以此傳爲錯簡。惟兩人所云錯簡之處不同，未知孰是。以《穀梁》解經，多先釋經文，後敘其他例之，或當從王說，疑不敢定。茲錄戰于鞌之經傳於下。經：「二年六月癸酉，季孫行父、臧孫許、叔孫僑如、公孫嬰齊帥師，會晉郤克、衛孫良夫、曹公子手，及齊侯戰于鞌，齊師敗績。」傳：「其日，或曰：『日其戰也。』或曰：『日其悉也。』曹無大夫，其日公子何也？以吾之

四大夫在焉，舉其貴者也。」

2. 成二年傳曰：「以蕭同姪子之母為質。」

《補注》：「此及下文兩言蕭同姪子之母，『之母』二字皆衍文也。《左傳》作蕭同叔子，以爲是齊侯之母。杜預曰：『同叔，蕭君之字，齊侯外祖父。子，女也，難斥言其母，故遠言之。』《公羊》則作蕭同姪子，云是齊君之母。何休曰：『蕭同，國名。姪子者，蕭同君姪娣之子，嫁與齊，生頃公。』《史記・齊世家》作蕭桐叔子，〈晉世家〉作蕭桐姪子，並以爲是齊君母。此傳文當與《公羊》同，蓋蕭君名同，其姪娣所生女嫁齊，而生頃公，故謂之蕭同姪子，即前處臺上笑客者也。」

連堂案：綜《補注》所言，《左傳》、《公羊》、《史記》，雖有異稱，其所以爲稱之由亦異，而以爲齊君之母則同。吳浩《十三經義疑》云：「以《穀梁》前多十月傳云：『蕭同姪子處臺上而笑之。』亦無『之母』二字，郤克當惡其笑者耳，何以舍姪子而必及其母耶？疑『之母』二字衍。」（卷十一）梁煌儀《春秋穀梁傳校證》云：「檢《御覽》四八〇引作『且以蕭同叔子爲質』，正無『之母』二字。」〔註39〕《補注》以爲衍文是。此例《補注》以相關之《左傳》、《公羊》、《史記》考得史實，而斷《穀梁》爲衍文。

〔註39〕頁 200。

第五章　論二傳及三傳異文

　　《補注》中於《左》《公》二傳時有批評。於《左氏》史事，既肯定其考史之功，又以其有所未盡，於經義則謂其未能明；至《公羊》，因其與《穀梁》同爲解義之書，其異於《穀梁》者，《補注》中批駁之者多。以下分二節述評之；而第三節則以《補注》於三傳異文之考校，分類明其相異之由。

第一節　論《左傳》

一、史　事

　　《左傳》記實，其記人事，常能詳其始末，明其原委，如其寫戰役，必詳其前因後果，於人、事、時、地，亦皆信而有徵，此其見聞廣博，采擷豐富，有以致之。

　　其於《春秋》，除明經之本末外，於經之所無者，《左傳》亦爲之傳述，此與《公》《穀》之隨經而釋，經文所無未嘗涉及者異，故於史事之詳實，遠過於二傳，此歷來論者之通識。《補注》論之，亦以其然，如：

> 左氏爲魯太史，本不得其傳授，而能博采諸國史書，詳陳事迹，使一經本末具見，深爲有功於經。(〈論傳〉)

> 《左傳》人名事迹，當非虛妄，大氐左氏考史，博采而尚詳。(文十一年)

又如哀三年，齊國夏、衛石曼姑帥師圍戚，《補注》論《左氏》考史之功云：

> 《左氏》考史之功，自僖文以後，尤爲該備詳密。如此文齊衛圍戚，求援于中山，自足見當時情事。時晉之荀寅、士吉射，與趙鞅爲敵，搆兵不已，齊、衛及魯、宋、鄭、鮮虞，皆助士氏、荀氏，而齊、衛救之尤力，《左氏》詳載其事，始於定十四年會牽之謀，終於哀五年荀、士之奔齊，

本末具備，此年圍戚，亦其事也。趙鞅居蒯聵於戚，以為晉援，則戚已屬
晉矣。齊、衛圍戚，乃是伐晉以救其叛人，因鮮虞嘗與伐晉，故仍求其為
援，論其本謀，固非衛圍父而齊助之，《左氏》序事，實有條理。

惟《補注》除推崇其記敘詳實外，亦有指其未盡者，如桓十六年：「衛侯朔出奔齊。」
傳曰：「朔之名惡也，天子召而不往也。」《補注》云：

> 召而不往，是其惡也。《公羊》亦有其事，而《左傳》無之，蓋隱桓
> 莊閔之篇，《左氏》所據史書多殘闕，有得之傳聞者，有采用雜史者。

此以《左傳》未盡其詳也。又〈自序〉云：

> 《左氏》《公羊》之失甚多，就其最淺著者，如《左氏》於仲子之賵，
> 以為桓母未死而豫賵，誤紀子伯為紀子帛，則以君為臣，誤尹氏為君氏，
> 則內外男女皆失其實，開卷之初，其謬如是。

又桓二年：「宋督弒其君與夷及其大夫孔父。」傳曰：「孔父之先死何也？督欲弒君，
而恐不立，於是乎先殺孔父。」《補注》云：

> 《左傳》亦謂先攻殺孔父，乃由督豔孔父之妻，殺而娶之。啖助曰：
> 「大夫妻乘車，不可在路而見其貌。」文烝以為《左氏》好言婦女，多采
> 無稽小說為之，故華之傾孔也，莒之入向也，晉之討同括也，齊之取讙闡
> 也，各自有其本末，而皆為鄙言褻語所亂，此年既載奪妻事，又言因民之
> 不堪命歸罪司馬，是其所據之書不一，學者詳之。

此以《左氏》未盡其實也。范甯云：

> 《左氏》豔而富，其失也巫。（《穀梁集解·序》）

蓋有之矣。

二、經　義

《左傳》明於史事，而淺於經義，此亦歷來評《左傳》者之通論。自漢博士即
曾言「《左氏》不傳《春秋》」〔註1〕，此實以其書專主記事，不若《公》《穀》之專
論經義。程端學《春秋本義·綱領》云：

> 竊嘗思之，《左氏》熟於事，而《公》《穀》近於理，蓋《左氏》曾見
> 國史，而《公》《穀》乃經生也。惟其曾見國史，故雖熟於事而理不明，……
> 蓋《左氏》每述一事，必究其事之所由，深於情偽，熟於事故，往往論其
> 成敗，而不論其是非，習於勢之所趨，而不明乎大義之所在。（〈卷首〉）

《補注》於《左傳》之不明經義，亦多所譏評，如：

〔註 1〕見《漢書》卷三十六〈楚元王傳〉所錄劉歆〈移太常博士書〉。

君子之脩《春秋》，脩其辭以取其義也，此揚雄《法言》所謂說理者莫辯乎《春秋》，而非其事其文之謂也。泥於其事，溺於其文，《左氏》所以失也。（〈論經〉）

其於經之取義，則罕有合，趙匡所謂《左氏》解經，淺於《公》《穀》，誣謬實繁者也。（〈論傳〉）

而於前述哀三年論《左氏》有考史之功，又論其無受經之事：

《左氏》於此但曰：「齊衛圍戚，求援于中山。」絕不一言其義，則《論語》爲何說乎？〔註2〕明《左氏》有考史之功，無受經之事矣。……《左氏》序事，實有條理，但蒯瞶實在戚，齊視之，則晉之援也，爲我寇者也；衛視之，則父也。齊圍戚，則可曰我以敵晉，衛圍戚則是圍父而已矣。君子作《春秋》，正名定分，論其義之大，不論其事之細，策書舊文本書曰：「齊國夏、衛石曼姑帥師圍戚。」以其事而論，則是救晉之叛人以敵晉也，齊主兵而衛從焉者也。以其義而論，則是以子圍父也，衛主兵而齊從焉者也。衛主齊從，則此事乃衛事，以齊首兵之義，由此而生，戚不繫衛之義，由此而起，文仍舊史之文，而義非舊史之義矣。此所以其義則某竊取之者，固不必奮筆改易，而後謂之竊取也。《左傳》此條，何嘗不信而有徵，而要非經義所在。……學者明乎《春秋》事與義之分，則可與言《春秋》矣。

第二節　論《公羊》

《公》《穀》二家，同爲釋義之傳，然其間時有異同，子勤論《公羊》云：

《公羊》之學，當亦由子夏之弟子展轉相授，而去聖彌遠，意義不備，或多亂說，雖與《穀梁》同源，而其歸迥異。（〈論傳〉）

又云：

《漢書・儒林傳》云：「宣帝即位，聞衛太子好《穀梁春秋》，以問丞相韋賢，長信少府夏侯勝，及侍中樂陵侯史高，皆魯人也。言穀梁子本魯學，公羊氏迺齊學也，宜興《穀梁》。」斯言也，天下之公言也，《春秋》猶《論語》也，漢初《魯論語》、《齊論語》並行，其後孔氏壁中古文《論語》出，篇簡章句與《魯論》大同，不若《齊論》多所附益，是魯學必勝

齊學也。《公羊》作傳多齊言,且其解經多有護齊者,何足憑乎?(〈論傳〉)
故《補注》中於二家異者,或《穀梁》所無,而《公羊》有之者,時加批駁,如譏
世卿、三世、復百世讎、宋三世內娶諸說,及後世《公羊》學者所衍生之五始、以
《春秋》當新王、及天子親迎諸說,茲舉述如下。

(一)論譏世卿

隱三年:「尹氏卒。」《公羊》曰:

> 其稱尹氏何?貶。曷為貶?譏世卿。

《穀梁》曰:

> 尹氏者何也?天子之大夫也。

范《注》云:

> 不書官名,疑其譏世卿。

《補注》云:

> 譏世卿者,《公羊》之義,傳無是意也。……《公羊》於尹氏、齊崔
> 氏,並曰:「譏世卿,世卿非禮。」於黑肱來奔曰:「大夫之義不得世。」
> 《五經異義》載《公羊》《穀梁》說:「卿大夫世,則權并一姓,妨塞賢路,
> 專政犯君,故經譏周尹氏、齊崔氏也。」《穀梁傳》本無此意,《異義》云
> 爾者,《穀梁》家依放《公羊》為之也。《左傳》隱八年眾仲曰:「官有世
> 功,則有官族,邑亦如之。」《異義》載《左氏》說:「卿大夫得世祿,不
> 得世位,父為大夫,死,子得食其故采,如有賢才,則復升父故位也。」
> 文烝案:《左氏》與《公羊》,有同有異,而《左氏》為備。言卿大夫不世
> 位,是其同也。《大戴禮·千乘》孔子對哀公曰:「爵不世。」《孟子》述
> 齊桓葵丘之命曰:「士無世官。」皆其證也。言子世父祿,賢則世位,又
> 論世功官族,是其異也。〈商書盤庚之誥〉曰:「世選爾勞,予不絕爾善。」
> 《周易·訟·六三》曰:「食舊德。」許慎以為爻位三為三公,二為卿大
> 夫,食舊德者,謂食父故祿。《詩·文王篇》曰:「凡周之士,不顯亦世。」
> 《毛傳》曰:「不世顯德乎?士者世祿也。」鄭《箋》曰:「謂其臣有光明
> 之德者,亦得世世在位,重其功也。」又〈緇衣序〉曰:「美武公也,父
> 子並為周司徒。」《毛傳》曰:「有德君子,宜世居卿士之位焉。」又〈干
> 旄〉曰:「在浚之郊。」《毛傳》曰:「古者臣有大功,世其官邑。」又〈裳
> 裳者華序〉曰:「古之仕者世祿,刺幽王棄賢者之類,絕功臣之世。」《論
> 語》曰:「興滅國,繼絕世。」許慎以為國謂諸侯,世謂卿大夫。《孟子》

曰：「文王之治岐也，仕者世祿。」又曰：「所謂故國者，有世臣之謂也。」
此類皆《左氏》之證也。《公羊》不言得世祿與否，而〈王制〉曰：『内諸
侯祿，外諸侯嗣。』又曰：「諸侯世子世國，大夫不世爵。」又曰：「諸侯
之大夫不世爵祿。」蓋謂天子之大夫，但得世祿，諸侯之大夫，并祿不世，
疑《公羊》意亦相同，是一偏之說也。大氏古者官人之法，本與封建相輔，
故子得世父祿，賢則并世位，其有大功德者，則世世在位，所以差別取舍，
貫聯邦家，天子諸侯，實無異制。溯夫〈盤庚之誥〉，則知周因於殷，迨
春秋以來，尤唯貴戚世臣是賴，雖以罪誅，皆不絕世，積貴所在，人望有
歸。陳亮嘗言：「孟子以爲故國必有世臣，至於不得已而後使卑踰尊，疏
踰戚，使人君皆得魯季友、叔肸、齊高子之倫而用之，則亦何厭於世臣，
而欲求天下特起之賢於不可知之際哉？」愚謂陳氏此論，最爲明通。設以
夫子爲政於天下，亦必仰稽前典，俯順時宜，庶姓雖參，世臣自在；作經
垂訓，何轉致譏？穀梁子解宋殺大夫，言司馬爲祖之位，此正《春秋》不
譏世卿之驗。而漢世《穀梁》家，乃用《公羊》爲說，誣經并誣傳矣。列
國獨秦無世臣，沿及始皇，而世國與世家並廢，天下大勢，於是一變，學
者習於後世情事，則必以古制爲疑，傳既隱約，《三朝記》等又不備，故
詳論焉。《公羊》之書，言母以子貴，言大夫不世及，國君九世猶可復讎
之等，皆秦人之法，戰國之論也。

（二）論三世

　　隱元年：「公子益師卒。」《公羊》曰：

　　何以不日？遠也。所見異辭，所聞異辭，所傳聞異辭。

桓十四年：「夏五。」《穀梁》曰：

　　立乎定哀，以指隱桓，隱桓之日遠矣；夏五，傳疑也。

《補注》云：

　　　　尋《公羊》所說，蓋亦習聞隱桓遠於定哀之言，而不知即指夏五傳疑
之屬。故隱元年、桓二年、哀十四年傳並曰：「所見異辭，所聞異辭，所
傳聞異辭。」定元年傳又曰：「定哀多微辭。」以爲昭定哀，所見之世；
文宣成襄，所聞之世；隱桓莊閔僖，所傳聞之世。内大夫卒，則近辭詳而
遠辭略；内大惡，則近辭微而遠辭顯，此皆展轉附益，致失本眞者也。

（三）論復百世讎

　　莊四年：「紀侯大去其國。」《公羊》曰：

大去者何？滅也。孰滅之？齊滅之。曷爲不言齊滅之？爲襄公諱也。
《春秋》爲賢者諱，何賢乎襄公？復讎也。何讎爾？遠祖也。哀公亨乎周，
紀侯譖之，以襄公之爲於此焉者，事祖禰之心盡矣。盡者何？襄公將復讎
乎紀，卜之曰：「師喪分焉。」「寡人死之，不爲不吉也。」遠祖者，幾世
乎？九世矣。九世猶可以復讎乎？雖百世可也。

莊九年：「公伐齊納糾。」《穀梁》曰：

當可納而不納，齊變而後伐，故乾時之戰不諱敗，惡內也。

范《注》引何休曰：

三年，溺會齊師伐衛，故貶而名之。四年，公及齊人狩於郜，故卑之
曰人。今親納讎子，反惡其晚，恩義相違，莫此之甚。

《補注》云：

傳釋經不誤也。齊變者，謂是時齊人已歸迎小白，即上傳渝盟是也。
當可納而不納，以致齊變，變而後伐，取敗之道，故下文直書敗績，不復
爲諱，又所以惡內也。……當可納而不納，與復讎義不相涉，所以然者，
魯所讎，齊襄也，襄已殺死，何讎之有？子糾、小白據《左傳》、《管子》、
《史記》，本僖之子，襄之弟，即以爲襄子，而讎子亦不爲讎，罰不及嗣，
怒不可遷，是時而猶言復讎，此《公羊》復百世讎之妄論，非君子意也。

（四）論宋三世內娶

僖二十五年：「宋殺其大夫。」《公羊》曰：

何以不名？宋三世無大夫，三世內娶也。

《補注》則駁之曰：

四殺大夫〔註3〕，其文微乎微矣，《公羊》經師失其義，乃於此年、
文七年、八年，造爲宋三世內娶之說，甚不可通。宋襄夫人王姬，襄王之
姊也〔註4〕，謂之內娶，不亦謬乎？

綜上《補注》於《公羊》譏世卿、三世、復百世讎及宋三世內娶諸說，略就己
見論述之。

《公羊》云譏世卿，《補注》所引，如《左傳》眾仲之說，〈商書盤庚之誥〉、
《周易‧訟》、《詩‧文王》、《論語》、《孟子》諸說，惟能證成卿大夫得以世祿，
而其能否世位，則以其是否賢才以爲斷，如《左傳》「如有賢才，則復升父故位」，

〔註3〕四殺大夫者，指桓二年「宋督弒其君與夷及其大夫孔父」、僖二十五年「宋殺其大夫」、
文七年「宋人殺其大夫」及八年「宋人殺其大夫司馬」。
〔註4〕宋襄夫人爲襄王之姊，見《左傳》文八年。

《孟子》「賢則世位」之說，而《毛傳》「有德君子，宜世居卿士之位焉」之說亦然，其曰「宜」者，明其非制度上必得世位明矣。今人牟宗三先生以爲尊尊有兩系，一爲王公侯伯子男等爵位者，屬政權一方面，得以世襲，一爲公卿大夫士等職位，屬治權一方面，不得世襲。〔註5〕此所謂政權者，上所云「世祿」者也，此所謂治權者，上所云「世位」者也，而《五經異義》云：「卿大夫世，則權并一姓，妨塞賢路，專政犯君，故經譏周尹氏、齊崔氏也。」據此言之，《公羊》所謂「譏世卿」者，當指譏其「世位」而言，至於「世祿」譏之與否，則未有說，《補注》以爲當如〈王制〉，未可必也。

　　除譏世卿外，《補注》駁三世、復百世讎及宋三世內娶，惟以宋襄夫人爲襄王姊，有其客觀之歷史眞僞，餘則爲《公羊》因經文所見之義。歷史之眞僞，有其客觀之準據，此是則彼非，此非則彼是，無兩者皆然之理；然主觀之義理，則隨其觀點而有異，此所以祭仲出忽立突，《左》《穀》刺之，而《公羊》以爲知權，宋襄泓之戰，《左》《穀》有譏貶，而《公羊》以爲文王亦不過此。〔註6〕子勤以其爲齊學，多偏妄附益，或是也，而就其思想言之，亦自有其體系，今人唐君毅《中國哲學原論》云：

　　　　《穀梁》之旨，要在以道德文化上禮義之原則，斷史事之是非善惡，使世人學善而棄惡，而未能兼從「由今世以通來世之政治上之大經大法」著眼，以判斷史事之是非，與其可垂範來世之政治上之意義，此即謂《穀梁》以義斷事，尚只見其爲道德文化上之理性主義者。……至于《公羊》，則更爲一政治上之理想主義者，而期爲來世建制立法者，……是即足見《穀梁》《公羊》之學之義理型態之不同矣。〔註7〕

陶希聖亦云：

　　　　兩傳同解經文，同申經義，但《穀梁》的議論至爲平實，《公羊》則具有發明微言大義之祈嚮。〔註8〕

知《公》《穀》之異，乃在同申經義，而所申不同，同解經文，而所寄有異，《穀梁》解經醇正，而《公羊》有其政治上之理想在焉故也；加以後世學者之推衍，而有所謂三科九旨，以《春秋》當新王、五始諸說。何休引衰亂世、升平世、太平世，以

〔註5〕見《中國哲學十九講》第三講，頁58，學生，72年10月初版。
〔註6〕祭仲事在桓十一年，泓之戰在僖二十二年，其說詳三傳。
〔註7〕見〈原道篇〉卷二第五章，頁810至811，新亞書院研究所，62年5月。
〔註8〕見《春秋》三傳之分辨——並以宋楚泓之戰爲例〉，《三民主義學報》第三期，頁9，68年4月。

說所見、所聞、所傳聞，徐彥疏之曰：

> 當爾之時，實非太平，但《春秋》之義，若治之太平於昭定哀也，
> 猶如文宣成襄之世，實非升平，但《春秋》之義，而見治之升平然。（隱
> 元年）

此所謂理想性，而非之者以爲妄也。

再者，《公》《穀》解經以寓義，時有主義而不斤斤於史實者。故如宋襄夫人之
爲襄王姊也，當亦爲《公羊》所熟知，然仍以爲內娶，經云殺其大夫，而傳却云宋
三世無大夫，此無他，以義爲主，不計其餘也。何休《解詁》云：

> 言無大夫者，禮不臣妻之父母，國內皆臣無娶道，故絕去大夫名，正
> 其義也。外小惡正之者，宋以內娶，故公族以弱，妃黨益彊，威權下流，
> 政分三門，卒生篡弑，親親出奔，疾其末，故正其本。（僖二十五年）

其爲寄義可知。子勤亦曾云：

> 夫《春秋》之爲事，非董狐、南史、左史倚相、左丘明、司馬遷、班
> 固之事也，乃欲以據事直書求之，或以網羅浩博，考核精審求之，不亦淺
> 乎？（〈論傳〉）

此謂不應以史實責《穀梁》，竊以爲其於《公羊》，亦當如是。

陳柱《公羊家哲學‧自序》云：

> 今所傳之《春秋公羊傳》，與其謂爲孔子之《春秋》，無寧謂爲《公羊》
> 之《春秋》，自董仲舒、何休以下，皆說《公羊》之學，而亦各不能盡其
> 同，與其定孰爲《公羊》之眞，無寧統名爲《公羊》家之學。〔註9〕

陳氏之說頗爲切當。夫《春秋》本魯史，孔子修之，孔子之《春秋》也；而三傳，《左
氏》之《春秋》，《穀梁》之《春秋》，《公羊》之《春秋》也；推而言之，范甯之注
《穀梁》經傳，范甯之《穀梁春秋》也；而子勤之《補注》，視其爲子勤之《穀梁春
秋》，未爲不可也。故於三傳之異，實不必是己所是，而非人之所是；其可通者通之，
其不可通者，各是其是，學術以是昌明；斥之，非之，不必，亦不可也。

第三節　三傳異文

孔子所修之《春秋》，原僅一本，而今三傳經文，則多異文。其相異，或由於時
代先後之不同，其書體有異，如古籀、小篆之別，本字、後起字之異是；或由於口傳

〔註 9〕頁 2，大通，59 年 6 月初版。

之際，不見原文，著竹帛者非一，乃各以所得之音寫定，如音同音近相假者是〔註10〕，此一情形最多，約占全部異文之三分之二〔註11〕；或由於南北地域不同而生，如齊語、魯語、及方言緩讀急讀之異是；或由於避諱而異，轉寫而誤，而衍，而脫。以下就《補注》所及者，舉例以明。

一、字同體異

1. 僖十六年：「六鷁退飛過宋都。」

撰異曰〔註12〕：「鷁，依唐石經作。《說文》此字左鳥右兒，引《春秋傳》：『六鶂退飛。』或作鷊、鶂。今字多作鷁。《穀梁》《公羊》皆然。〈左氏音義〉：『鷁，本或作鶂。』陸淳《纂例》：『鷁，《左氏》《公羊》作鷁。』」

連堂案：陳新雄先生《春秋異文考》：「鷊鷁一字，水鳥字《說文》作鶂，並引《春秋傳》六鶂退飛爲證，是《春秋》水鳥字當從《說文》作鶂爲正也。《左氏》《公羊》作鷁者，後起字也，《穀梁》作鷊者，字形稍改易也。」〔註13〕是鶂、鷁爲同一字，而鷁爲後起字；至左兒右鳥，右兒左鳥，乃文字非一人一時一地所造，而字形尙未完全寫定，或多體並存故也。

2. 僖二十六年：「公會莒子、衛甯遫盟于向。」

撰異曰：「遫，《公羊》作遬。案：遬者籕文。」

連堂案：《說文·辵部》：「遫，疾也。从辵束聲。遬，籕文从欶。」是遫、遬一字，字體異耳。

3. 成三年：「晉郤克、衛孫良夫伐牆咎如。」

撰異曰：「牆，《左氏》作廧。案：牆與廧一字，《公羊》作將。」

連堂案：朱駿聲《說文通訓定聲》：「牆字亦作廧。……《詩·常棣》：『兄弟鬩于牆。』《釋文》：『或作廧。』……襄二十六年傳：『寺人惠廧伊戾。』《釋文》：『或作牆。』」（〈壯部〉第十八）是廧者，牆之或體字也，至牆、將二字，同音通假也。

〔註10〕口傳口授與《春秋》異文之關係，可參見謝秀文〈《春秋》異文探源〉一文，原載《孔孟學報》第 44 期，後收入其《春秋三傳考異》一書，頁 58 至 115，文史哲，73 年 8 月初版。

〔註11〕依陳新雄先生《春秋異文考》所列「《春秋》異文表」統計而得，頁 523 至 536，《師大國研所集刊》第七期，52 年 6 月。

〔註12〕《補注》明三傳異文，例題「撰異曰」。

〔註13〕陳氏又引臧琳《經義雜記》詳爲辯說，可參考，此不贅引，見頁 430。

二、同音通假

1. 隱元年：「公及邾儀父盟于眜。」

   撰異曰：「眜，從目，從午未之未，《左氏》作蔑。案：楚唐蔑亦作唐眜，與鄭
   礿蔑皆字明。《說文》：『蔑，勞目無精也。眜，目不明也。』二字蓋古通。」

   連堂案：《說文》段注：「眜，莫佩切，十五部；蔑，莫結切，十五部。」是眜、
   蔑二字，古聲同紐，古韻同部，而字義一為目不明，一為勞目無精，是眜、蔑
   二字，音同義通，《補注》之說是。

2. 僖七年：「公會齊侯、宋公、陳世子款、鄭世子華，盟于寧毋。」

   撰異曰：「《音義》、《纂例》：『寧，《左氏》作甯。』案：今《公羊》亦作甯。《說
   文‧宀部》：『寍，安也。從宀，心在皿上。皿，人之食飲器，所以安人也。』
   〈丂部〉：『寧，願詞也。從丂，寍聲。』〈用部〉：『甯，所願也。從用，寧省聲。』……
   〈宀部〉字為會意，猶安從女在宀中，〈丂部〉〈用部〉二字，皆從其聲，又同
   義，明三字並通矣。」

   連堂案：寧從寍聲，甯又從寧省聲，是三字同音，義又相近，可通借為用也。

3. 昭四年：「遂滅厲。」

   撰異曰：「厲，《左氏》作賴。徐彥《公羊疏》曰：『有作賴字者。』孔廣森曰：
   『古字厲、賴通。《論語》厲己，鄭讀為賴。《漢‧武紀》：『祖厲河。』李斐曰：
   『音嗟賴。』《左氏》僖十五年作厲，此作賴，又桓十三年傳有賴人，皆寫者異
   耳。杜預云：『義陽隨縣北有厲鄉。』《水經注》曰：『亦云賴鄉。』」

   連堂案：此《補注》引徐彥《公羊疏》及孔廣森《公羊通義》，以明厲、賴二字
   古多通用。《說文》段注：「厲，力制切，十五部；賴，洛帶切，十五部。」知
   厲、賴古聲同屬來紐，古韻同在十五部，同音通假字也。

三、音近相轉

1. 僖元年：「邢遷于夷儀。」

   撰異曰：「夷，《公羊》作陳。案：夷、陳聲轉義通。矢、雉、尸、夷諸字皆訓
   陳。陸淳所見《穀梁》亦作陳。」

   連堂案：《說文》段注：「夷，以脂切，十五部；陳，直珍切，十二部。」陳新
   雄先生《春秋異文考》云：「夷之聲紐屬喻紐，喻紐古聲歸定紐，曾運乾有〈喻
   四古讀考〉一文，已為證明。陳之聲紐為澄紐，澄紐古聲亦歸定紐，錢大昕〈舌
   音類隔不可信〉一文，曾加例證。是夷、陳古聲相同也。又夷古韻在脂部（陳

氏原注：據章太炎古韻二十三部），陳在眞部，眞脂二部次對轉，章太炎《文始》
與《國故論衡》曾爲之證，是夷、陳二字，古音相近，故相通轉也。」〔註14〕
又矢、雉、尸、夷訓陳者，《爾雅・釋詁》文，《補注》謂「夷陳聲轉義通」者
是也。

2. 襄十七年：「邾子牼卒。」

撰異曰：「牼，《左氏》作牼。案：从間从肩，及从开从㞷之字，聲轉得通。《孟
子注》：『牼，視也。』〈士昏禮注〉引牼良人作見，或作覸。齊成覸或作成覸，
又作成荆。〈考工記〉顧脰，《注》：『故書顧或作牼。』鄭司農云：『牼讀爲鬝頭
無髮之鬝。』」

連堂案：《補注》以牼从間得聲，牼从㞷得聲，而謂从間从肩及从开从㞷之字，
聲轉得通，並舉覸或作覸，又作荆，顧或作牼，牼又讀爲鬝，以證成其說，而
藉以說明《公》《穀》之牼，與《左氏》之牼，乃音近相轉。今考間、肩、开、
㞷四字，古聲同屬見紐，古韻依黃季剛先生二十八部，間屬寒部，肩、开屬先
部，㞷屬青部，而寒、先、青三部得以旁轉〔註15〕，是此四字古聲同紐，古韻
相近，《補注》聲轉得通之說是。

3. 昭十年：「季孫意如、叔弓、仲孫貜帥師伐莒。」

撰異曰：「意，《公羊》作隱，後同。案：〈少儀注〉：『隱，意也。』聲轉字通。
《史記》蘇意，《漢紀》作蘇隱。」

連堂案：《說文》段注：「意，於記切，一部；隱，於謹切，十三部。」是意、
隱二字雙聲，〈少儀注〉以意訓隱者，雙聲爲訓也。

四、方音不同

1. 隱元年：「公及邾儀父盟於眛。」

撰異曰：「邾，《公羊》作邾婁，終《春秋》皆然。婁，力俱切，邾人語聲後曰
婁，或曰齊人語，《禮記・檀弓》同，《國語》《孟子》諸書謂之鄒。」

連堂案：《說文》段注：「邾，陟輸切，古音在四部；婁，洛侯切，四部。」邾、
婁二字古音同在四部，則合邾、婁二字之音，仍爲邾字，故急言之爲邾，緩言

〔註14〕頁 420。
〔註15〕劉頤《聲韻學表解》下篇九〈古本韻二十八部及其對轉旁轉〉引其師黃季剛先生曰：
「陽聲之先痕寒三部，同收 n 爲同列，青唐東冬登五部，同收 ng 爲同列……凡同列
之韻皆得通轉爲旁轉，……凡此列與彼列相比之韻，亦得旁轉。」頁 117，啓聖，
61 年再版。

之則成邾婁耳。〈公羊釋文〉:「邾人語聲,後曰婁,故曰邾婁。」(卷二十一)趙坦《春秋異文箋》:「列國方言有語聲在後者,邾婁是也;有語聲在前者,句吳、於越是也。即人名亦然,吳子壽夢、寺人惠牆伊戾是也。《公羊》多齊言,故邾作邾婁。」(《皇清經解》卷一三〇三)是邾與邾婁之別,在方言急讀、緩讀之異也。而或曰邾人語聲,或曰齊人語者,邾、齊地近,蓋《公羊》著竹帛者,取邾之原音書之也。至《國語》《孟子》謂之鄒者,邾、鄒音近,鄒即邾也。杜預《春秋釋例·世族譜》:「邾,今魯國鄒縣是也。」(卷八)《說文繫傳》:「鄒,魯縣也,古邾國。……臣鍇按:趙岐〈孟子題辭〉:『邾國至孟子時改曰鄒。』」(卷十二)可證鄒即邾。

2. 僖三十三年:「公伐邾取訾樓。」

撰異曰:「樓,《左氏》作婁,《公羊》作取叢,亦作取菆。徐彥《疏》曰:『有作鄒字。』孔廣森曰:『鄒即訾、婁之合聲,猶壽、夢爲乘,句、瀆爲穀是也。』」連堂案:《說文》段注:「訾,將此切,十五、十六部;樓,洛侯切,四部;叢,徂紅切,古音在四部。」陳新雄先生《春秋異文考》曰:「叢从取聲,古與鄒音近,古音在四部。訾、叢二字古聲同在齒頭,微分清濁;叢、婁二字古韻同在四部,則合訾、婁二字之音,則近於鄒,近於叢矣。訾、婁之合音爲叢,猶之邾、婁之合音爲邾,皆古語有緩急也,緩言則爲訾婁,急言則爲叢矣。」〔註16〕

3. 宣元年:「晉趙穿帥師侵崇。」

撰異曰:「崇,《公羊》作柳。趙坦曰:『《周禮·縫人注》:「柳之言聚。」《尚書大傳注》:「柳,聚也,齊人語。」《廣雅》:「崇,聚也。」此必齊人讀崇爲柳。』」連堂案:此《補注》引趙坦《春秋異文箋》爲說,以明崇、柳同訓聚,讀崇爲柳乃齊人語聲。

五、避諱改字

1. 宣九年:「陳殺其大夫泄冶。」

撰異曰:「泄,《左氏》作洩,唐石經《公》《穀》亦皆作洩,避諱改也。」連堂案:阮元《公羊注疏校勘記》云:「唐石經避諱作洩。」(卷十五)又《左氏》隱元年傳:「其樂也洩洩。」《校勘記》云:「洩洩當作泄泄,《考文提要》作泄泄,石經避太宗諱改,宋以後本皆仍唐刻。」(卷二)《補注》之說蓋本此。

〔註16〕頁436。

2. 哀三年：「季孫斯、叔孫州仇帥師城啟陽。」

撰異曰：「啓，《公羊》作開。案：《公羊》經傳，孝景時始著竹帛，故避諱改之。」

連堂案：〈公羊釋文〉：「開陽，《左氏》作啓陽，開者，爲漢景帝諱也。」（卷二十一）

六、形近而誤

1. 莊元年：「單伯逆王姬。」

撰異曰：「逆，《左氏》作送。《左》以經諸單伯皆爲天子之大夫。案：傳有魯大夫費庈父，亦稱費伯，與單伯相似。又《史記》魯邑有單父，明單伯實魯大夫矣。孔廣森曰：『逆則據往之日書，先行單伯，而後築館可也。送則據來之日書，時尚未有以居王姬也，是不可通也。』案：此即張洽、俞皋說。」

連堂案：此例乃因單伯有魯大夫及天子之卿兩說，致因形而誤。《穀梁》曰：「單伯者何？吾大夫之命乎天子者也。」《公羊》同。《左氏》無傳，杜預曰：「單伯，天子卿也。」子勤以《左傳》將《春秋》所云單伯皆解爲天子之大夫非是。並舉魯大夫有稱伯者，與單伯相似，《史記》魯邑又有單父，以證單伯爲魯大夫。又於文十四年「單伯如齊，齊人執單伯」下云：「若是王臣，不得言如，《公羊》言王者無外，何休以爲言如則有外也。」又云：「若是王臣，又不可言執。」文十五年「單伯至自齊」又云：「若是王臣，又不得言至。」王夫之《春秋稗疏》亦曰：「考經之言單伯者不一，皆魯事，則命大夫之說爲長。」（卷一）明《春秋》所書單伯，非全爲王臣。子勤又舉孔廣森之說，謂逆則據往之日書，夏，單伯往迎，而秋乃築王姬之館，則於理爲順；反之，送據來之日書，夏時已送達魯境，而秋始築館，是不通也。王夫之《春秋稗疏》亦云：「言自周而送，則必至魯而後書，夏已至魯，何爲秋乃歸齊？故二傳定爲魯史往逆。」（卷一）明此之單伯確爲魯大夫，杜《注》非，而字當從《公》《穀》作逆。

2. 莊二十年：「齊人伐我。」

撰異曰：「我，《左氏》《公羊》作戎，宜從戎。」

連堂案：《補注》云：「我當爲戎，《穀梁》與《左氏》《公羊》本同字，蓋轉寫誤也。哀以前皆書四鄙，不應此獨直文。傳於上年發書鄙義，不應於此無傳，知必是誤字矣。」《補注》以哀公以前，《春秋》書伐魯，皆書「伐我某鄙」，如

莊十九年「伐我西鄙」是，而無直云「伐我」者，又莊十九年，傳發書鄙義云：「其曰鄙，遠之也。」而相隔僅一年，如有不同書法，則依《穀梁》解經之例，當爲「我」發傳，今不發傳，可知我爲誤字。《補注》之說是，唐龍朔寫本《春秋穀梁傳集解》正作「戎」。〔註17〕又汪克寬《春秋胡傳附錄纂疏》云：「此言齊人，則將卑師少，安能深入乎？」（卷九）可爲輔證。

3. 成十八年：「晉弒其君州蒲。」

撰異曰：「州蒲當爲州滿，字之誤也。孔穎達曰：『漢末有汝南應劭作《舊君諱議》云：「昔者周穆王名滿，晉厲公名州滿，又有王孫滿，是同名不諱。」則此爲州滿，或爲州蒲，誤耳。今定本作滿。』」

連堂案：阮元《左傳注疏校勘記》云：「《釋文》云：『州蒲本或作州滿。』劉氏《史通‧雜駁篇》以蒲爲誤。案：《史記》又作壽曼，梁玉繩云：『曼、滿音相近，壽、州字相通。』」（卷二十六）又漢石經《春秋》亦作「州滿」〔註18〕，三傳當無異文，作蒲者，形近而誤也。

七、音近而誤

1. 昭二十年：「盜殺衛侯之兄輒。」

撰異曰：「輒，《左氏》作縶。《音義》：『輒，如字，或云音近縶。』陸淳曰：『衛侯之孫名輒，故宜爲縶。』」

連堂案：輒、縶音相近，不得相假爲用者，兩人不應同名。梁玉繩《瞥記》：「夫縶爲靈公兄，輒爲靈公孫，不應同名。」（卷二）洪亮吉《春秋左傳詁》：「按《公羊》縶作輒，今考出公名輒，即靈公之孫，與孟縶服尙近，必不同名，當以《左傳》爲是。」（卷四）明《穀梁》乃涉音近致誤。

八、義近而誤

1. 僖九年：「秋九月戊辰，諸侯盟于葵丘。甲子，晉侯詭諸卒。」

撰異曰：「甲子，《公羊》作甲戌。張洽曰：『甲子不應在戊辰後，合從《公羊》作甲戌。』」

連堂案：杜預《注》：「甲子，九月十一日，戊辰，十五日也。」則甲子在前，

〔註17〕見《羅雪堂先生全集三編》冊七，〈鳴沙石室古籍叢殘〉，頁2844，文華，59年4月一版。

〔註18〕參見呂振端《漢石經春秋殘字集證》所附碑文圖片，頁72，新加坡華文中學教師會，1976年2月出版。

反書於後，於理不通〔註19〕，若從《公羊》作甲戌，則爲九月二十一日，於理爲順，《穀梁》《左氏》乃因子、戌同爲地支，而傳寫致誤。又鳴沙石室佚書《春秋穀梁經傳解釋》，「子」作「成」，蓋即「戌」字之訛。〔註20〕

九、涉上文而誤

1. 定四年：「吳入楚。」

撰異曰：「楚，《左氏》作郢。案：凡入國皆書國，獨此以楚都地名書。劉知幾曰：『豈《左氏》之本獨爲謬歟。』陸淳曰：『誤也。』汪克寬曰：『恐因昭三十一年傳「吳其入郢」之文而誤也。』《左傳》於後十五年亦曰：『吳之入楚也。』則當作楚。」

連堂案：《補注》引汪克寬說，蓋明其涉上文而誤也。

十、衍　文

1. 桓十八年：「公會齊侯于濼，公夫人姜氏遂如齊。」

撰異曰：「公下各本衍『與』字，今依唐石經刪正。《左氏》有『與』字。段玉裁曰：『《左》經疑俗增之，《春秋》書及、書暨，未有書與者，僖十一年：「公及夫人姜氏。」夫人偕行書例也。《左傳》記其始謀曰：「將與姜氏如齊。」記其實事曰：「公會齊侯于濼，遂及文姜如齊。」至聖人筆之曰「公夫人姜氏遂如齊」，不言及何？《注》云：「明遂在夫人也。」』」

連堂案：計《春秋》書及者凡六十二，書暨者二〔註21〕，未有書與者，段玉裁說是。又《穀梁》若有與字，依其解經之例，當爲與發傳釋之，如隱元年爲及發傳：「及者何？內爲志焉爾。」昭七年爲暨發傳：「暨，猶暨暨也，暨者，不得已也，以外及內曰暨。」明《穀梁》「與」字爲衍文。

2. 成十年：「冬十月。」

撰異曰：「《公羊》無此三字，唐石經誤衍。段玉裁曰：『《禮記·中庸正義》云：「成十年不書冬十月。」賈、服有說，則《左》經亦當無之。』」

連堂案：段玉裁說見《經韻樓集·《春秋》經成公十年無冬十月考》一文，段氏又云：「考是年經云：『秋七月，公如晉。』何休云：『如晉者，冬也。去冬者，

〔註19〕杜預以甲子書於後者，乃從赴告之日，然戊辰之盟晉侯實與盟，杜預之說不可信，趙坦《春秋異文箋》辯之詳矣，參見《皇清經解》卷一三〇七。

〔註20〕見《羅雪堂先生全集三編》冊五，頁1610，文華，59年4月一版。

〔註21〕書及者多，不贅引。書暨者，昭七年之「暨齊平」及定十年之「宋公之弟辰暨宋仲佗、石彄出奔陳」兩處是。

惡成公，當絕之。』何氏以下文無冬十月，故知公如晉在冬，而經去冬以惡之。
秋七月爲無事首時過則書之例，假令下有冬十月，則何豈得云爾。其不云去冬
十月，但云去冬者，知公如晉在冬，而不定冬何月也。若《穀梁》經今本皆有
冬十月，亦必俗人所增，倘《穀梁》有，而《左》《公羊》無之，陸氏《釋文》
必注之曰：『《左》、《公羊》二傳無。』於其無此注，知《穀梁》亦決無此三字
也。」（卷四）綜言之，段氏以孔穎達所見《左氏》無「冬十月」，何休所見《公
羊》亦無「冬十月」，而陸德明〈穀梁音義〉未注異文，則其所見《穀梁》亦同
《左》《公》無「冬十月」，唐石經有者，衍文也。

3. 成十五：「晉侯執曹伯歸于京師。」
撰異曰：「《公羊》歸下有『之』字，唐石經及板本誤衍也。」
連堂案：漢石經無「之」字。呂振端《漢石經春秋殘字集證》云：「此石殘字凡
五字，除『于』字外，餘四字僅存半體，核之碑圖，知『于』上左下角之『止』，
乃『歸』字之部分，『于』下爲『京』，次行乃『宋華』二字。以唐本校之，『歸
于京』唐本作『歸之于京』，是唐本衍一字也。馬氏《集存》云：『今本歸下有
「之」字，……趙坦《春秋異文箋》曰：「僖公二十八年，晉人執衛侯歸之于京
師，傳云：歸之于者何？歸之于者，罪已定矣；歸于者，罪未定也。罪未定則
何以得爲伯討（何休《注》：此難成十五年晉侯執曹伯歸于京師）。歸之于者，
執之于天子之側者也，罪定不定已可知矣；歸于者，非執之于天子之側者也，
罪定不定未可知也。據彼及《注》，則此成十五年經不得有之字，有者衍文。」
今此石出，可爲趙氏之說作證矣。』」〔註22〕由漢石經，《公羊傳》意及何休《注》
所引，明「之」爲衍文確矣。

十一、脫　文

1. 桓十五年：「公會宋公、衛侯、陳侯于袲，伐鄭。」
撰異曰：「《公羊》宋上有齊侯。袲作侈。案：《說文》引《春秋傳》：『公會齊侯
于侈。』」
連堂案：所引《說文》在侈字下。段《注》：「《穀梁》經與《左》同，許稱《左》
也，《左》無齊侯，許言齊侯者，容今《左傳》有奪。」是許慎所見《左氏》有

〔註22〕頁 73。引文所謂「此石」者，該書附有殘碑圖片；所謂「核之碑圖」者，該書頁 106
　　　至 113 有呂氏考得之「漢石經碑《春秋》部分復原圖」，可考知上下經文，隔行經文，
　　　及相隔字數等關係；其所引馬氏《集存》，指馬衡之《漢石經集存》；（　）中「何休
　　　注」三字，原作「注」，「何休」二字爲筆者所加。

齊侯，今《左》《穀》無者，傳寫脫文。

2. 莊三十年：「師次于成。」

撰異曰：「《左氏》無師字。杜《注》以爲將卑師少。張洽引任公輔說，以爲微少則不見經，知當書師。段玉裁曰：『凡次皆師也，恐《左》經脫字。』」

連堂案：趙坦《春秋異文箋》：「《左氏》莊三年傳：『凡師一宿爲舍，再宿爲信，過信爲次。』則次爲師再宿以後之辭，此年經《左氏》無師字，或脫字。」（《皇清經解》卷一三〇五）又考《春秋》經書次凡十五，上書師者凡四（不含此經），所謂將卑者也；上書帥師者凡七，所謂將尊者也；餘三次爲昭二十五年、二十八年、二十九年，乃公爲季氏所逐，特書公次於某。則凡書次，上必有師或帥師或公，未有如《左氏》此經唯書「次于成」者，且上經無事，書「三十年，春王正月」，此經書「夏，次于成」，文意不明，又有突兀之感，當是《左》經脫字。

3. 襄三十年：「秋七月，叔弓如宋，葬共姬。」

撰異曰：「葬下當有宋字，此脫也。《左氏》《公羊》皆有宋字。」

連堂案：《補注》說是也。《春秋》書葬之例：天子書「葬某王」，如「葬桓王」、「葬匡王」是；魯君書「葬我君某公」，如「葬我君桓公」、「葬我君莊公」是；魯夫人書「葬我小君某某」，如「葬我小君文姜」、「葬我小君成風」是。以上天子不冠周者，以王者無外故也；魯君、魯夫人不冠魯而稱「我君」「我小君」者，以《春秋》爲魯史故也；餘者書葬皆冠國名，以示別也，如「葬齊桓公」、「葬晉文公」是。而依經例，外夫人不書葬，惟紀伯姬、宋共姬爲魯女，一隱其失國，一隱其卒災而書之，而紀叔姬亦因隱紀之亡而書〔註23〕，其書例皆當冠國名，如伯姬、叔姬之冠紀是也。故此共姬亦當冠宋，《春秋》書例也。又以經文之相類者考之，文六年「冬十月，公子遂如晉，葬晉襄公」、昭十一年「春王二月，叔弓如宋，葬宋平公」，與此經正相類，而亦冠有晉、宋，明此處乃傳寫脫誤，當從《左氏》《公羊》補正。

〔註23〕莊四年：「齊侯葬紀伯姬。」傳曰：「外夫人不書葬，此其書葬何也？吾女也，失國，故隱而葬之。」范《注》：「隱，痛也。」襄三十年：「叔弓如宋葬共姬。」傳曰：「外夫人不書葬，此其言葬何也？吾女也，卒災，故隱而葬之也。」莊三十年：「葬紀叔姬。」傳曰：「閔紀之亡也。」

第六章　《補注》之疏失

　　子勤補注《穀梁》經傳之成就，當可於前述諸章得其梗概矣；惟成就固在，而疏失亦不免。前述諸章中，或偶亦隨文指明其失，此則列專章就其體制、義理、義例、訓詁、考據及態度上之不合宜，舉例論述，以見其疏失之處。

第一節　體制之疏失

一、繁瑣失當

　　子勤《補注》，一意求詳，其於經傳之文字訓詁，義理義例，往往廣引眾說，期能融會貫通。然往往求之太過，詳則詳矣，而於經傳訓詁之明達，義理義例之融通，實未見有何助益。《補注》中，時見其以范《注》繁贅當刪﹝註1﹞，而其自身卻亦不免繁瑣不當之失。

　　文字訓詁之繁瑣者，如隱元年傳曰：「雖無事，必舉正月。」《補注》云：

　　　《玉篇》曰：「雖，詞兩設也。」……文烝案：〈雜記〉曰：「過而舉
　　君之諱。」鄭君〈注〉曰：「舉猶言也。」又《史記》載《書・湯誓》，稱
　　亂爲舉亂。〈士相見〉、〈聘禮〉、〈檀弓注〉並曰：「稱，舉也。」則舉亦訓
　　稱矣。《說文》再字，《爾雅》偶字，皆訓舉。

其於常用之「雖」「舉」兩字，如范甯不注可也；縱需訓解，亦不必如《補注》之廣引字書、古注。又隱三年傳曰：「知其不可知，知也。」《補注》云：

　　　末知字依今音讀去聲，即《爾雅》《說文》智、智字。《墨子・經》曰：
　　「知，材也。」〈經說〉曰：「知也者，所以知也，而必知。」此今去聲字

〔註1〕參見本文第三章第八節〈刪移注文〉。

也。又〈經〉篇及《莊子》並曰：「知，接也。」〈經說〉曰：「知也者，以其知過物而能貌之。」此今平聲字也。《論語》曰：「知之為知之，不知為不知，是知也。」末知字亦音智為是。干寶《周易注》引傳曰：「不求知所不可知者，智也。」王念孫以為古書智慧之智或作知，知識之知亦或作智。據《墨子》他處，及《管子》、《呂氏春秋》、《韓非子》、《戰國策》、《淮南子》諸書，有以智為知者也。二字音義，互得通借，疑其本無定字，殆不然矣。

如此辭費，實無助於文字之明達，徒覺其繁瑣紛雜耳。

義理說釋之繁雜者，如昭十九年傳曰：「就師學問無方，心志不通，身之罪也。」《補注》云：

學以聚之，問以辯之，《中庸》明善擇善之教，《大學》致知格物之義也。格，量度也，車若水說是學問無方，三十時也。〈內則〉「二十博學，三十博學無方」，鄭君曰：「方猶常也，至此學無常，在志所好也。」文烝案：學有正業，二十學禮而始備，正業之外，謂之博學，博而又博，謂之無方。傳以學則必問，故兼言問。張洽《集註》引此作問。〈學記〉兩言博學，傳亦以後包前，謂自十五就師至三十也。〈學記〉曰：「教必有正業。」謂詩禮樂也。《毛詩傳》曰：「古者教以詩樂，誦之歌之，弦之舞之。」即〈內則〉云「十三學樂、誦詩、舞勺」是也。〈昏義〉曰：「夫禮始於冠，本於昏，重於喪祭，尊於朝聘，和於射鄉。」〈王制〉曰：「六禮：冠、昏、喪、祭、鄉、相見。」皆即今《儀禮》十七篇，教學者所執以為容。即〈內則〉云「二十而冠，始學禮」是也。三者為正業矣。心，思心也。《今文尚書‧洪範》曰：「思心曰容。」志，意也，字從心之，心所之也。單言曰志，疊言曰心志。《春秋說題辭》曰：「恬澹為心，思慮為志。」恬澹之心，不思而得，此乃《管子》所謂「心以藏心」，心之中又有心，非傳所指也，通謂由之而知其道也。《論語》曰：「吾十有五，而志於學，三十而立，四十而不惑，五十而知天命。」此則所謂下學而上達，聖人之通也。志乎學，即是志於道，志於道而後適道，適道而後立，立而後不惑焉，知天命焉，謂之聞道。夫道之大小，隨人者也，自聖人而下，七十達者，及諸賢士大夫，各有所立，則各有所聞之道，無論中行狂狷，皆謂之通矣。辛酉歲，邵懿辰詒書，言高堂生所傳《禮》，即夫子所述，別無闕逸，予韙其說。子入太廟，每事問，諸侯喪禮，孟子未學，通在學問無方中也。讀書謂之學，聞道謂之通，楊雄以通天地為伎，通天地人為儒，周子則曰：

「誠立，賢也；明通，聖也。」朱子以《論語》說之，故通即不惑，而不

惑由於立，故《論語》又曰：「古之學者爲己，今之學者爲人。」《新序》

《墨子》對齊王解此二句曰：「古之學者，得一善言，附於其身；今之學

者，得一善言，務以悅人，言過而行不及。」此論學之大要也。《論語》

又曰：「六十而耳順，七十而從心所欲，不踰矩。」此心謂恬澹之心也，

五十以學猶學也，至是則化而神焉。

此傳本釋許世子未就師問學，故不知嘗藥之義，而衍釋之文，非經傳之本旨，故范
未有注，而《補注》乃廣引古說就師問學之方法及進程以注傳，而於所引書之注亦
并及之，注中又注，豈能不繁，而其引《論語》以通傳，又廣及諸家之說《論語》
者，其注《穀梁》乎？注《論語》乎？

又如莊元年傳曰：「人之於天也，以道受命。」范無注，而《補注》以一千兩百
餘字注之。（以其文繁不贅引）自《中庸》之天之道，人之道，而三達道，五達德，
而性教之論，其大部份，則爲廣引歷來論性之說。自「性」字從心從生之結構，而
《書經》，孔子及其弟子、孟子、告子、莊子、荀子，而董仲舒、楊雄、王充，以至
唐宋諸儒，幾遍及之。而可怪者，傳文中並無「性」之一字，其由人得天道受命而
引申之，竟大爲衍釋，於傳何所補？徒滋紛擾耳。

子勤非范《注》之煩贅，而范《注》未若是其繁也。孫詒讓〈與梅延祖論《穀
梁》義書〉云：

鍾書平議精當，足與巽軒《公羊通義》並傳；惟援證略病氾濫。〔註2〕

孫氏以其援證氾濫，良不誣也。

二、有欠詳明

《補注》一意求詳，甚且失之氾濫，已如上論，惟亦偶有欠詳不明之處。如楊
《疏》釋《注》頗詳明，《補注》未能引述，過於簡略。如文元年：「天王使叔服來
會葬。」范《注》云：「傳例曰：『天子大夫稱字。』」《補注》云：

《注》引稱字例在定十四年傳。

此處楊《疏》云：

范云傳例者，非正例，推以知之。定十四年傳曰：「天子之大夫不名。」
隱七年：「凡伯來聘。」傳曰：「凡伯者何也？天子之大夫也。」又九年：
「南季來聘。」傳曰：「南，氏姓也；季，字也。」是天子之大夫稱字，
據傳文可知，故亦得云傳例也。

〔註 2〕見《籀膏述林》卷十。頁 472，廣文，64 年 4 月。

知以「天子大夫稱字」爲例者，乃推定而得，非明有其例。定十四年謂天子大夫不名，而七年之凡伯爲天子大夫，稱伯者乃其字，此可由九年之季爲字推知，楊《疏》頗爲詳明，而《補注》未能引述，僅謂「稱字例在定十四年傳」，實則定十四年未有其例，失之簡略不明。

第二節　義理之疏失

　　《補注》於《穀梁》經傳義理之闡明，皆義正而能融通，頗爲圓足，有功於《穀梁》實多；然亦偶不免疏失之處。

　　隱七年：「城中丘。」傳曰：「凡城之志，皆譏也。」《補注》云：

　　　　譏者，君子所取義，以其益城過於王制也。

《補注》以爲益城過於王制而譏非是。當如范《注》「保民以德不以城」之說，亦即《春秋》書城者，以譏警人君，城雖得保民，而城不足恃，欲保民保城，當以修德愛民爲尚。不然，此傳「凡城之志皆譏」，非專釋「城中丘」，乃發全經通例，若如《補注》過於王制之說，是全經書城者皆過王制，此殆不然矣。

　　僖十七年滅項，傳曰：

　　　　孰滅之？桓公也。何以不言桓公也？爲賢者諱也。項，國也，不可滅
　　　而滅之乎？桓公知項之可滅也，而不知己之不可以滅也。既滅人之國矣，
　　　何賢乎？君子惡惡疾其始，善善樂其終，桓嘗有存亡繼絕之功，故君子爲
　　　之諱也。

《補注》云：

　　　　此所謂《春秋》之義，以功覆過除罪。

《補注》「以功覆過除罪」之說，似欠思慮。以歷史之功過言，有大有小，大可以掩小，可以覆小；然以恒常之義斷之，惟有是非，是非無大小，判然不混，諱之可也，覆之除之未可也。傳亦惟言齊桓有存亡繼絕之功，故《春秋》賢之，而爲之諱。諱其過耳，未覆其過、除其罪也。以諱皆不沒其實〔註3〕，故可也；覆則沒其實，除則不計罪過，未可也。況《春秋》並未爲齊桓覆除罪過，如莊九年經書「齊小白入于齊」，傳曰「惡之也」，又僖十七年冬十有二月乙亥，齊桓卒，傳曰：

　　　　此不正，其日之何也？其不正前見矣。

《補注》云：

〔註3〕參見本文第四章第二節之〈論諱〉。

明君子大居正，非以齊桓功德之盛，遂不論其正不正也。

顯見《春秋》於齊桓之正不正，未嘗絲毫假借，何覆除之有耶？而子勤「非以功德之盛，遂不論正不正」之說，亦見其不以史實功德可與是非名分相混也，前者「以功覆過除罪」之說蓋欠思慮耳。

第三節　義例之疏失

《春秋》以辭見義，書某辭即見某義，此所謂例也。《補注》於《穀梁》義例，多所闡明，而亦不免拘牽太過之疏失。

一、時月日例之牽強

時月日例，傳本有之，如隱十一年傳曰：

> 諸侯來朝，時，正也。

莊二十七年傳曰：

> 桓盟不日，信之也。

此皆傳之發例，於理有說，皆明達可通。而《補注》則時指舊史本爲時，爲月，爲日，而經文改從其他，然又不知何據。如隱元年：「夏五月，鄭伯克段于鄢。」范《注》云：

> 段有徒眾，攻之爲害必深，故謹而月之。

《補注》云：

> 舊史凡殺世子母弟皆月，君子改從時例。

又如二年：「夏五月，莒人入向。」范《注》云：

> 入例時，惡甚則日，次惡則月，他皆放此。

《補注》云：

> 舊史入皆具月日。

此類舊史作月，君子改時，舊史皆具月日之說，不知所據何來，而又遍處可見，其說實難令人具信。

二、重發傳例之牽強

傳之解經，或發經之通例，全經惟見一處，不復發傳，然隨經文之載而屢發之者，亦所在多有，於此，楊《疏》或明其重發傳例之由，至《補注》則於全傳重發傳之處，幾遍言其發傳之由，其中或於理可通，如僖十八年：「狄救齊。」傳曰：「善

救齊也。」《補注》云：

> 重發傳者，嫌與諸夏異也。

此以莊六年、二十八年、閔元年、僖六年、十五年，及十八年之諸侯救齊，皆諸夏所救，此爲狄所救嫌異，故於理可通。然閔元年之「齊人救邢」，傳曰：「善救邢也。」《補注》以爲其重發傳，乃嫌霸國獨救義異也，則嫌牽強。而僖十八年之「師救齊」，傳亦發「善救齊也」，《疏》以重發傳乃因以「魯昔與齊仇讎，恐救之非善」，故發例，《補注》則以《疏》爲非，謂重發傳乃「嫌內兵獨救義異」。由楊《疏》《補注》之異說，足明遍尋其重發之由，牽強有之，而未必得當。

再如僖十五年，傳復解經書「遂」之義，云：「遂，繼事也。」《補注》云：

> 重發傳者，時齊桓德衰，嫌義異也。

此傳解遂字之義，其爲繼事之辭，與齊桓德之盛衰何干？而以其爲由重發傳，其不足信顯然。

《補注》於文元年「公孫敖會晉侯于戚」下云：

> 傳不於柔會宋公、陳侯發例，又不於此發例者，隨意而發，非有深義。

實則，傳文之重發者，多隨意而發，非有深義之類，欲遍尋其理，不免拘泥難通。

三、據經傳例之不當

《補注》時據經傳之例以說經傳，以期於會通，然亦有引例不當之失。

桓十年：「齊侯、衛侯、鄭伯來戰于郎。」傳曰：

> 內不言戰，言戰則敗也。

《補注》云：

> 爲內不諱敵，成元年傳有明文；不言戰爲舉大，隱十年傳又有明文矣。

此處《補注》引「內不諱敵」之例是也，成元年傳有明文：「爲親者諱敗不諱敵。」然引「不言戰爲舉大」非也。隱十年：「公敗宋師于菅。」傳曰：「內不言戰，舉其大者也。」此直言敗不言戰爲舉大者，以戰然後敗，故敗大於戰，言敗則戰可知，直云敗有大魯、內魯之義，以魯爲戰勝之國也；然此經書戰，實即魯敗，不書敗者，正爲魯諱敗也。《補注》當引桓十三年「戰于宋」之傳，該傳曰：

> 內諱敗，舉其可道者也。

所謂「可道」者，戰也，戰輕於敗，敗不可道，言戰所以諱敗也。

再如昭三十一年：「黑肱以濫來奔。」傳曰：「其不言邾黑肱何也？」范《注》云：

> 據襄二十一年，邾庶其以漆、閭丘來奔言邾。

《補注》云：

> 當依何休云『據讀言邾』，孔廣森以爲《春秋》口授，恐久而失實，
> 故文雖無邾，師法自連邾讀之，因以起其義也。

此范以襄二十一年邾庶其言邾爲據，《補注》以爲當依何休爲據，謂文雖無邾，讀仍有邾。王師熙元先生《穀梁范注發微》云：

> 何休之意，謂當時公羊子口讀邾婁黑肱，此《公羊》家說，《穀梁》
> 無之，故范不據也。〔註4〕

《補注》據《公羊》家說，反以范之據《穀梁》爲非，誤矣。

第四節　訓詁之疏失

《補注》於經傳文字之訓詁頗詳，且偶亦兼及訓詁之理，然亦有說理有誤，訓解不當之疏失。

一、說理有誤

傳曰：「民所聚曰都。」（僖十六年）《補注》云：

> 國所治處，眾之所歸也，都聚雙聲爲訓。

依《廣韻》：「都，當孤切。」屬端紐；「聚，才句切。」屬從紐，兩字非雙聲，《補注誤》。又依段玉裁古韻十七部，都爲五部，聚爲四部，亦非疊韻，明傳以「民所聚」訓「都」非音訓。

二、訓解不當

定十年：「公會齊侯于頰谷。」傳曰：

> 孔子歷階而上，不盡一等，而視歸乎齊侯，曰：「兩君合好，夷狄之
> 民，何爲來爲？」命司馬止之。

范《注》云：

> 兩君合會，以結親好，而齊人欲執魯君，此無禮之甚，故謂之夷狄之民。

《補注》云：

> 夷狄之民，據《左傳》，謂萊人也。

《補注》據《左傳》謂「夷狄之民」爲萊人之說，不如范《注》以爲「無禮之甚，故謂之夷狄之民」之圓轉。此傳下文曰：

〔註4〕頁463。

　　齊侯逡巡而謝曰：「寡人之過也。」退而屬其二三大夫曰：「夫人率其

　君與之行古人之道，二三子獨率我而入夷狄之俗何爲？」

齊侯謂「率我而入夷狄之俗」，明前者之「夷狄之民」非實指夷狄，乃指有夷狄之行之齊人，謂其爲夷狄之民者，孔子華夷之判，不以血統爲準據，華夏之族有夷狄之行者，則亦夷狄之，此處之齊，即其類也。又稱其爲夷狄之民，或亦爲孔子之外交辭令，表面上乃責備夷狄之民，而非責備與盟之齊人，言辭上較爲婉轉和緩，免去兩國尖銳衝突之弊。《補注》之說，不如范《注》。

第五節　考據之疏失

　　《補注》於經傳文字、版本及禮制諸方面，曾多所考校，而其中有推論未當者。

　　隱五年：「公觀魚于棠。」觀，《左氏》作矢。傳曰：

　　　傳曰：「常事曰視，非常曰觀。」

《補注》云：

　　　此引舊傳文，知經文舊非矢字。

《補注》以舊傳解「觀」字，不解「矢」字，證《公》《穀》作「觀」爲是，《左氏》作「矢」爲非。此一推論，未爲周密。以《穀梁》引「傳曰」，僅可證所引傳在《穀梁》之前，而無以證其必在《左氏》之前，既無以證其在《左氏》之前，則作「觀」作「矢」各有所本，《左氏》「矢」字，未必爲非。

　　又如《補注》於桓八年「逆王后于紀」下，論天子有無親迎之禮，其引《荀子》曰：「天子無妻，告人無匹也，四海之內無客禮。」而謂妻之言齊，既曰無妻，必無親迎之禮；而荀卿學於《穀梁》，必不違師說，則《穀梁》必如《左氏》，以天子無親迎之禮。天子有無親迎之禮姑不論，惟《補注》以荀子學於《穀梁》，即推定《穀梁》必同於荀子，實失諸武斷。其謂《穀梁》必如何者，未可必也。

第六節　態度之拘牽

　　子勤爲學頗爲謹嚴，〈自序〉曾謂「實事求是」，以期《補注》之周密圓足，然執意爲之，則有拘泥太過，未能遠瞻之心態。

　　莊十五年：「宋人、齊人、邾人伐郳。」范《注》云：

　　　宋主兵，故序齊上也。班序上下，以國大小爲次，夷狄在下。征伐則

　　以主兵爲先，《春秋》之常也。

《補注》云：

> 《注》首二句本杜預，班序以下則下年夏「伐鄭」下注也。杜無「夷
> 狄在下」句，宜刪四字。

夷狄序列在下，《春秋》之常例也，並無不當。若以范本杜預，而杜預本無者即宜刪去，則子勤之拘牽也。范本杜氏，而發杜氏所未發，此范之成就也，豈可刪乎？不然，《補注》本范《注》，其發范《注》所未發者，亦皆刪之乎？是不通之論也。

又如《補注》於哀十三年「有星孛于東方」下云：

> 今人惑於荒外新法，改九重之稱，增四七之宿，謂慧孛亦可以術推，
> 實蕩且妄。

子勤之年代，已屆滿清末葉，天文知識尚停留於古人之說，而稱西方為「荒外」，謂其天文學「實蕩且妄」。又清末之自強運動，子勤亦不以為然，其言曰：

> 今之世何紛紛也。有所謂廣方言館者，有所謂船廠者，有所謂製造局、
> 出洋局者，有所謂招商輪船者，久受西夷之害，而還法西夷，曰：「將以
> 利吾國也。」夫孟子固言之矣：「王何必曰利？」大書特書，著於首章，
> 誰不讀是語者，而行事何其戾耶！（《乙閏錄》）

此蓋亦心態拘執，難於容受外來文明之所致也。

主要參考書目

一、《春秋》類

1. 《春秋穀梁經傳補注》，清鍾文烝，鍾氏信美堂本，中央研究院傅斯年圖書館藏。
2. 《春秋穀梁經傳補注》，清鍾文烝，續經解本，藝文。
3. 《春秋穀梁傳集解》，晉范甯，鳴沙石室古籍叢殘唐龍朔寫本，羅雪堂先生全集三編，文華。
4. 《春秋穀梁經傳解釋》，鳴沙石室佚書本，羅雪堂先生全集三編，文華。
5. 《春秋穀梁傳注疏》，唐楊士勛，阮刻注疏本，藝文。
6. 《穀梁傳評》，明鍾惺，无想山房藏本，中央研究院傅斯年圖書館藏。
7. 《春秋穀梁傳注疏考證》，清齊召南，文淵閣四庫全書本，商務。
8. 《春秋穀梁傳注疏校勘記》，清阮元，附於注疏本，藝文。
9. 《春秋穀梁傳時月日書法釋例》，清許桂林，續經解本，藝文。
10. 《穀梁大義述》，清柳興恩，續經解本，藝文。
11. 《重訂穀梁春秋經傳古義疏》，廖平，渭南嚴氏刊本，文海。
12. 《釋范》，廖平，附於古義疏，文海。
13. 《穀梁著述考徵》，王師熙元，廣東。
14. 《春秋釋例》，晉杜預，文淵閣四庫全書本，商務。
15. 《春秋左傳正義》，唐孔穎達，阮刻注疏本，藝文。
16. 《春秋左氏古經》，清段玉裁，後知不足齋叢書本，藝文。
17. 《春秋左傳正義校勘記》，清阮元，附於注疏本，藝文。
18. 《春秋左氏傳地名圖考》，程發軔先生，廣文。
19. 《春秋繁露》，漢董仲舒，文淵閣四庫全書本，商務。
20. 《春秋公羊傳注疏》，唐徐彥，阮刻注疏本，藝文。
21. 《春秋公羊傳注疏校勘記》，清阮元，附於注疏本，藝文。

22. 《公羊家哲學》，陳柱，大通。

23. 《漢石經春秋殘字集證》，呂振端，新加坡華文中學教師會。

24. 《春秋經解》，宋孫覺，文淵閣四庫全書本，商務。

25. 《春秋辨疑》，宋蕭楚，文淵閣四庫全書本，商務。

26. 《春秋傳》，宋葉夢得，文淵閣四庫全書本，商務。

27. 《春秋集解》，宋呂本中，文淵閣四庫全書本，商務。

28. 《春秋傳》，宋胡安國，文淵閣四庫全書本，商務。

29. 《春秋集註》，宋張洽，文淵閣四庫全書本，商務。

30. 《春秋經筌》，宋趙鵬飛，文淵閣四庫全書本，商務。

31. 《春秋詳說》，宋家鉉翁，文淵閣四庫全書本，商務。

32. 《春秋本義》，元程端學，文淵閣四庫全書本，商務。

33. 《春秋集傳》，元趙汸，文淵閣四庫全書本，商務。

34. 《春秋金鎖匙》，元趙汸，文淵閣四庫全書本，商務。

35. 《春秋胡傳附錄纂疏》，元汪克寬，文淵閣四庫全書本，商務。

36. 《春秋稗疏》，清王夫之，文淵閣四庫全書本，商務。

37. 《春秋屬辭比事記》，清毛奇齡，文淵閣四庫全書本，商務。

38. 《春秋地名考實》，清江永，文淵閣四庫全書本，商務。

39. 《春秋異文箋》，清趙坦，皇清經解本，復興。

40. 《春秋三傳研究論集》，戴君仁等，黎明。

41. 《春秋三傳考異》，謝秀文，文史哲。

二、一般類

1. 《斠讎學》，王叔岷，台聯國風。

2. 《毛詩正義》，唐孔穎達，阮刻注疏本，藝文。

3. 《禮記正義》，唐孔穎達，阮刻注疏本，藝文。

4. 《周禮注疏》，唐賈公彥，阮刻注疏本，藝文。

5. 《經典釋文》，唐陸德明，文淵閣四庫全書本，商務。

6. 《四書集註》，宋朱熹，文淵閣四庫全書本，商務。

7. 《經義述聞》，清王引之，四部備要本，中華。

8. 《經學通論》，清皮錫瑞，商務。

9. 《經學歷史》，清皮錫瑞，漢京。

10. 《廣韻》，宋陳彭年，張氏澤存堂本，黎明。

11. 《說文解字注》，清段玉裁，經韻樓本，蘭臺。

12. 《廣雅疏證》，清王念孫，四部備要本，中華。

13. 《爾雅義疏》，清郝懿行，藝文。

14. 《文字學概說》，林尹先生，正中。

15. 《訓詁學概要》，林尹先生，正中。

16. 《修訂增注中國聲韻學通論》，林炯陽，黎明。

17. 《隋書》，唐魏徵等，文淵閣四庫全書本，商務。

18. 《晉書》，唐房玄齡等，文淵閣四庫全書本，商務。

19. 《漢書注》，唐顏師古，四部備要本，中華。

20. 《史通》，唐劉知幾，文淵閣四庫全書本，商務。

21. 《嘉興府志》，清許瑤光等，成文。

22. 《嘉善縣志》，清江峰青等，成文。

23. 《清史稿》，柯劭忞等，鼎文。

24. 《中國歷史研究法》，梁啓超，中華。

25. 《清代通史》，蕭一山，商務。

26. 《乙閏錄》，清鍾文烝，手稿本，中央圖書館藏。

27. 《東塾讀書記》，清陳澧，續經解本，藝文。

28. 《清儒學案》，徐世昌，世界。

三、學位及期刊論文類

1. 《春秋穀梁傳條指》，清江慎中，宣統 2 年國粹學報六十八至七十三期。

2. 《春秋異文考》，陳新雄先生，52 年 6 月師大國研所集刊第七期。

3. 《春秋穀梁傳義例》，賴炎元，58 年 12 月慶祝林景伊先生六秩誕辰論文集。

4. 《穀梁范注發微》，王師熙元，64 年嘉新研究論文第二七○種。

5. 《春秋穀梁傳校證》，梁煌儀，67 年文化中研所碩士論文。

6. 《春秋三傳分辨──並以宋楚泓之戰爲例》，陶希聖，68 年 4 月三民主義學報第三期。

7. 《春秋公羊傳要義》，李新霖，73 年師大國研所博士論文。

8. 《用「中」之道》，王甦，74 年 9 月孔孟學報第五十期。

書影一：

乙閒錄

古之箸書者雖言有酬阼時亢爱不可以巳亦也可而

不巳舒元與王所以悲剝繫藤矣子壽洁教梁學外以未

嘗歔復爲書千慮一得以不足記乙丑閒夏妃標記之因題

之曰乙閒錄嘉羲錄父爲

兄羔恭亢讓禮之原乎帡父何之讓臣考父之恭剝聖人與之矣

孟子言礼曰辭讓恭敬數而巳

君道卽道之極礼故也

鄭君注釋經傳百條爲言此卽孟子所謂祥說內淳書爲羊傳讀通

人頗謏茲每緊邶也中庸注言作礼樂弄必聖人在天子之位以十二

書影二之一：

九月及宋人盟于宿

及者何內卑者也宋人外卑者也

> 卑者兼大人稱買謂　玩猶正字故珠使蠙以玉貝雜
> 者發為夫案人達非　好遺字但曰玉其及珠鄭傳記
> 此例內卽此至說卿　也泉據錢矣徒在大君不天
> 其也諸命皆劉春大　曰贈賻為周財錢具口夫日言子
> 常列直卿無敵秋夫　又猶假禮先者含中以碎米飯
> 文國書全以則之也　云助借泉儒金玉者碧玉者九
> 猶皆言謂序補　　　賻也字府說幣又雜士以米貝
> 內有者所之三日　　贈案非鄭泉之聲記以雜非諸
> 之大發同凡命昭　　所四取泉布名伯諸貝米所侯
> 直夫例注非以國　　以句水注以以夢侯也白歸
> 書非解並大名語　　佐遍泉云為銅食相周虎也狀
> 其大宋言夫氏乃注　生釋義故藏為瓊含禮遍周夫
> 事夫人卿皆遍書注　也經也書日之瑰執有則禮五
> 諸則兼大再於卑　　贈例何泉泉所為璧含云天士
> 小稱為夫卑命微　　謎荀休或得以含將至天子
> 國人列非者名也　　所子曰作圜貝象命鄭子
> 本稱國也大之容　　以書賵錢布買則左君飯飯所
> 無人盟此夫一以　　送略猶則泉物大傳謂以貝謂
> 大則會卽命為左　　死同覆疑錢遍夫陳杜玉而飯
> 夫知言解卿氏　　也又也錢古財含子左諸有用
> 雖是人及命稱命　云謎為今用兼行右侯飯米

書影二之二：

伐者戰此直稱及

不言其人以吾敗也

以戰嫌有異也　　言人則微者則其恥又

不言及之者為內諱也

不及當言及當有人公親帥與之戰于郎此傳三處皆同故無

言甚故師來陞師　　言傳無及不言及故其人四句又言不言及者不言及故以不言四句又與此戰于郎並傳三處皆

以卽不言上及二之者注為非諱義及子曰者之及者卽是升陞公也言其有人及下文之二故

者彼桓不言君言及君言不復也故此有不諱義及之帥者亦非也必不言是公也不言其人也傳有重故發之

怨辭伯吾御之復也子曰回子曰舉一以序昭穆而示十

反則吾事則之誅也死子也不作諡也不聞一以閔知而其稱公紀元年以閔

知則書二事脩之十一年而已設以矣

君子脩之亦若是而巳矣

六月丁丑蔡侯封人卒

補曰蔡季杜預以為卽獻武也

秋八月蔡季自陳歸于蔡

補曰非出奔歸非篡月者為卽下葬日

蔡季之貴者也

並補日亦解桓侯稱之季義桓侯者何故為貴日為桓侯之弟季者何休為貴

蔡季自陳

桓已卒不得以弟先為桓侯故卒稱季也是時季立得為之蔡自
叔當為季況叔益

書影三之一：

書影三之二：

大夫亦稱人，亦是卑之，吳淮夷之先無君臣不論君臣，其常文皆稱人，戎狄不論君臣，其常文皆無人，傳發遍例。

鄋蒦之盟不日，故非卿，大夫曰大夫盟，無信之與不例，宿邑名也。

補曰：此鄋國非國，故當是補宿國耳，後之也。

七年曰宋鄭盟于宿，補曰案休曰月朝時者為下卒也，史例皆。

冬十有二月祭伯來

補曰何休釋例曰有十一年有二年注案休曰月朝時者為經例卒也，例見下皆。

為邑字，比顏然則說有與十二年有異，說文粲異等以復有一年非十有一月二。

而言朝來，汲知冢穆天子又傳異說皆作鄒祭，**來者來朝也**，不補稱以使。

是言朝曰交，知冢穆天子傳○文異鸛鴒之起十不稱一年中之二月。

其弗謂朝何也，寰內諸侯

侯補曰選選君也，引王官郎始，各里君曰其天子，以干采地，天子邦祭之，邦明諸，天子為寰之內，寰內大夫，寰內雖古諸有使。

字爾補曰，交雅曰尹更周百里君之地，故有男几文之昭，無雖有邦為縣諸。

名侯皆遍言，選國也，書曰王官九年受之卿，立地有有千里男邦氏受姓也，則有。

諸侯不全或為，侯君也注引書郎公受之，采有故亦里譏之采侯無姓無有。

毛聃散原皆遍地言子名左王周公之年之地南祭傳曰大夫受地視公侯。

伯凡元士受地視孟子男元士視公附庸蕭此潘采地之田制禮運侯。

卿視伯大夫視子男元士視公附庸蕭此潘采地之制禮運。